ASTROLOGIE CHINOISE

QUEL EST VOTRE PARTENAIRE IDÉAL ?

Titre anglais :
What's your Chinese Love sign ?

Publié par Thorsons,
division de Harper Collins Publishers ldt

www.tredaniel-courrier.com

ISBN : 2-84445-243-4

NEIL SOMERVILLE

ASTROLOGIE CHINOISE

QUEL EST VOTRE PARTENAIRE IDÉAL ?

Traduit de l'anglais par Gérard Leconte

GUY TRÉDANIEL ÉDITEUR
65, rue Claude-Bernard
75005 PARIS

Sommaire

Utilisez ce tableau pour trouver la page de votre combinaison de signes d'amour

	RAT	BUFFLE	TIGRE	LIÈVRE	DRAGON	SERPENT
RAT	4	6	8	10	12	14
BUFFLE	6	30	32	34	36	38
TIGRE	8	32	54	56	58	60
LIÈVRE	10	34	56	76	78	80
DRAGON	12	36	58	78	96	98
SERPENT	14	38	60	80	98	114
CHEVAL	16	40	62	82	100	116
CHÈVRE	18	42	64	84	104	118
SINGE	20	44	66	86	104	120
COQ	22	46	68	88	106	122
CHIEN	24	48	70	90	108	124
SANGLIER	26	50	72	92	110	126

CHEVAL	CHÈVRE	SINGE	COQ	CHIEN	SANGLIER
16	18	20	22	24	26
40	42	44	46	48	50
62	64	66	68	70	72
82	84	86	88	90	92
100	102	104	106	108	110
116	118	120	122	124	126
130	132	134	136	138	140
132	144	146	148	150	152
134	146	156	158	160	162
136	148	158	166	168	170
138	150	160	168	174	176
140	152	162	170	176	180

Introduction

L'astrologie chinoise est pratiquée depuis des milliers d'années. Pourtant, l'Occident n'a pu apprécier les merveilles de cet art ancien que depuis peu.

Il y a douze signes en astrologie chinoise. Chacun d'eux a reçu son nom d'un animal et chaque animal gouverne une année. Ceux qui naissent cette année héritent de quelques-uns des traits distinctifs de cet animal.

Pour éviter le problème épineux du genre, j'ai opté pour le masculin ; sauf mention spéciale, le “il” concerne les hommes et les femmes nés sous ce signe.

Je pense que les douze signes chinois peuvent nous apprendre beaucoup au sujet de nous-mêmes et de nos relations avec ceux qui nous entourent. J'espère que la lecture de ce livre sera pour vous agréable et instructive.

Le Rat

Qualités spécifiques :

Charmant, sociable, ingénieux, à l'esprit vif, ambitieux, astucieux.

En amour :

Romantique, prévenant, affectueux – irrésistible.

On ne peut dire que le rat soit la plus attachante des créatures, mais il est ingénieux, intelligent et alerte. Tout comme le sont ceux qui sont nés sous le premier des signes chinois.

Sous l'emprise du charme, il a des manières amicales et sociables, et il a une bonne connaissance de la nature humaine. Le Rat a le don de mettre les autres à l'aise et il est immanquablement populaire. Sachant fort bien se faire des relations, il prend plaisir aux réunions et aux réceptions, et il a une bonne appréciation des meilleures choses de la vie. Il peut aussi être rusé, manipulateur et mû par l'ambition. Il aime rester plongé dans ses occupations et l'un de ses principaux buts dans la vie est d'améliorer sa situation présente.

Le Rat protège sa vie privée et ne permettra pas à autrui de fourrer son nez dans ses affaires. Il aime garder une certaine indépendance dans ses actions. Le Rat est un survivant et même quand les événements se dressent contre lui, il sera souvent le premier à remonter la pente et à envisager de nouveaux défis.

Sociable, le Rat apprécie les relations avec autrui et se fait facilement des amis. Il soutient son conjoint et essaiera d'établir une famille unie. Il a souvent une grande famille et se montre un parent aimant et affectueux. Ayant de nombreux centres d'intérêt et une imagination fertile, il encouragera ses enfants, mais il sera aussi très strict en matière de discipline.

La femme Rat a un comportement ouvert et plein d'entrain mais, si couronnée de succès et occupée soit-elle, sa famille passe toujours en premier. L'homme Rat est assuré et persuasif. Mais derrière sa belle prestance se cache un esprit pénétrant.

Le Rat est le premier signe du zodiaque chinois et, avec son charme et son entrain, il est immanquablement populaire et respecté.

Rats célèbres :
Lauren Bacall, Kenneth Branagh, Marlon Brando, Charlotte Brontë, Richard Nixon, William Shakespeare.

Rat et Rat

Relations générales

Le Rat se plaît dans la compagnie des autres et quand il rencontre un autre Rat plein d'entrain et sociable, ces deux-là peuvent passer du bon temps. Beaucoup de centres d'intérêt les réunissent et tous deux prennent plaisir à la conversation, ils peuvent consacrer bien des heures à une intense discussion.

Quand deux Rats travaillent ensemble, la combinaison de leurs talents peut apporter un succès considérable. Tous deux sont entreprenants, opportunistes, et ont le don de tirer le meilleur d'eux-mêmes. Il arrive que des Rats dispersent leur énergie et s'engagent dans plus d'activités qu'ils ne peuvent raisonnablement maîtriser. S'ils peuvent contrôler leur nature agitée et avide, leur collaboration sera satisfaisante.

En Amour et dans le Mariage

Entre deux Rats, l'attraction est forte. Tous deux sont romantiques, passionnés, et ils se comprennent bien. Ils aiment se faire des amis, s'amuser, voyager et peuvent avoir un penchant pour la littérature et les arts.

Ils accordent beaucoup d'importance à leur chez-soi et s'ils ont des enfants, ils sont des parents attentifs et protecteurs. Ils font grand cas des liens familiaux et la famille Rat ressemble d'assez près à un tricot serré. Bien que les Rats puissent donner libre cours à leurs désirs, ils gèrent bien leurs finances et font en sorte d'avoir un bon niveau de vie.

Un couple Rat peut éprouver beaucoup de plaisir à être ensemble mais il serait bien que chacun ait ses propres centres d'intérêt plutôt que de rechercher une union fusionnelle. D'autre part, il arrive que les Rats soient directs et hautement critiques, et cela peut conduire à des échanges acrimonieux. Toutefois, dans le couple, ils luttent pour surmonter les problèmes et forment un duo loyal et fidèle.

Une bonne union

Rat et Buffle

Relations générales

Bien que le Rat et le Buffle aient des personnalités très différentes – le Rat étant beaucoup plus ouvert que le Buffle – ces deux signes s'entendent bien. Ils se font mutuellement confiance, se respectent et peuvent devenir de solides amis. Le Rat apprécie particulièrement la nature assurée et inébranlable du Buffle tandis que celui-ci prend plaisir à la vivacité et au charme du Rat. Leurs relations sont souvent excellentes.

De plus, le Rat et le Buffle travaillent bien ensemble. Le Rat est le spécialiste des relations publiques et commerciales tandis que le Buffle fournit la méthode, l'ordre et la cohérence. Ils reconnaissent mutuellement leurs forces et en tirent parti ; il y a entre eux beaucoup de confiance et de respect. Ensemble ils peuvent développer une excellente relation de travail.

En Amour et dans le Mariage

Il existe une forte attraction entre le Rat et le Buffle et, en amour comme dans le mariage, il peuvent trouver beaucoup de bonheur. Leurs différences de caractère démontrent souvent la complémentarité et chacun aime et admire tendrement l'autre.

Le Rat est le plus ouvert de deux et le Buffle tire profit de la vivacité, de l'amour de la vie et de la nature sociable du Rat. Sous l'influence du Rat, le Buffle peut devenir plus ouvert et plus à l'aise dans ses relations avec les autres. De même, le Rat admire la loyauté du Buffle, sa force de caractère et son ambition. Le Rat se sent rassuré d'avoir un partenaire aussi résolu et fiable. Tous deux attachent beaucoup d'importance à leur foyer et, s'ils ont des enfants, ils sont des parents attentionnés et consciencieux.

Le Rat et le Buffle recherchent une vie stable et sécurisante ; avec le sens de l'économie du Rat et la nature prudente du Buffle, la plupart des couples Rat-Buffle sont matériellement à l'aise.

Une excellente union

Rat et Tigre

Relations générales

Le Rat et le Tigre sont deux signes pleins d'ouverture et d'entrain et ils s'entendent bien en général. Tous deux se passionnent pour les échanges avec les autres et ils ne manquent pas partager leurs nombreux centres d'intérêt. Le Tigre est attiré par le charme et la prestance du Rat tandis que le Rat se réjouit de la personnalité vibrante, enthousiaste et assurée du Tigre.

Quand le Rat et le Tigre travaillent ensemble, chacun a tôt fait d'apprécier les forces de l'autre. Le Rat apprécie à sa juste valeur l'esprit d'initiative et l'enthousiasme du Tigre, tandis que le Tigre reconnaît l'ingéniosité du Rat et son aptitude à trouver des opportunités. Tous deux sont ambitieux et sont capables de concevoir beaucoup d'idées étonnantes et novatrices.

En Amour et dans le Mariage

Le Rat et le Tigre éprouvent souvent une attirance mutuelle. Tous deux ont une nature sociable et pleine d'allant et se plaisent en compagnie l'un de l'autre. Ce sont également des signes très passionnés et l'attraction physique entre eux est forte.

Le Tigre aime les manières charmantes et sociables du Rat de même qu'il apprécie son aptitude à organiser le foyer. De son côté, le Rat trouve un réconfort dans les manières assurées et pleines de vie du Tigre.

Toutefois, leur attitude divergente quant aux questions d'argent peut poser problème. Le Tigre a tendance a être généreux dans ses dépenses alors que le Rat est plus économe. De plus, le Rat est décontenancé par la nature remuante du Tigre et doit accepter que le Tigre ait besoin d'une certaine indépendance. Tous deux expriment franchement leurs opinions et cela peut donner lieu à des échanges mouvementés.

Leur relation peut ne pas être toujours harmonieuse mais il existe entre eux beaucoup d'amour et de passion.

Une union plutôt bonne

Rat et Lièvre

Relations générales

Bien que le Rat et le Lièvre soient tous deux des signes sociables, il font peu de cas l'un de l'autre. Le Lièvre, qui a un comportement calme et tranquille, se sent mal à l'aise avec le Rat actif et énergique, de son côté le Rat juge le Lièvre réservé et ultrasensible. Ils peuvent prendre plaisir à converser de temps en temps mais il est rare qu'il deviennent des amis intimes.

Toutefois, quand le Rat et le Lièvre travaillent ensemble, leurs savoir-faire peuvent se trouver complémentaires. Le Lièvre apprécie l'habileté du Rat à trouver des opportunités ainsi que son caractère ouvert et porté vers l'action. Le Rat estime à sa juste valeur les talents du Lièvre pour l'organisation et le commerce ainsi que son jugement perspicace. Malgré tout, étant donné leurs personnalités différentes, ils ne se sentent pas toujours à l'aise en travaillant ensemble.

En Amour et dans le Mariage

Le Rat et le Lièvre sont deux signes sensuels et passionnés et il peut y avoir entre une forte attirance physique. Tous deux sont charmants et sociables, ils aiment leur foyer et apprécient la littérature et les arts. Les débuts de leur relation peuvent apporter beaucoup de bonheur, mais plus ils se connaissent l'un l'autre et plus leur relation devient difficile. Leurs tempéraments sont mal assortis et, en amour comme dans le mariage, une union entre eux peut se révéler être une gageure.

Le Rat est un signe actif et énergique qui a tendance à se lancer dans une multitude d'activités et d'intérêts. Le Lièvre, quant à lui, cherche un mode de vie plus calme et mieux établi. Le Rat peut trouver que la nature prudente du Lièvre a une influence restrictive tandis que le Lièvre peut le trouver impétueux et autoritaire.

Une union difficile

Rat et Dragon

Relations générales

Le Rat et le Dragon vont extrêmement bien ensemble. Tous deux sont pleins d'entrain, ouverts et sociables et ils se plaisent en la compagnie l'un de l'autre. Ils ont beaucoup d'intérêts en commun et il y a entre eux confiance et compréhension. Il arrive souvent que le Rat et le Dragon deviennent des amis intimes pour très longtemps.

Quand le Rat et le Dragon travaillent ensemble, ils peuvent remporter un succès considérable. Ambitieux, ayant le sens de la communication, tous deux sont de grands travailleurs et chacun estime les talents de l'autre. Le Dragon, en particulier, apprécie l'aptitude du Rat à trouver de nouvelles opportunités et ses talents en relations publiques, tandis que le Rat estime les manières résolues et assurées du Dragon. Ils se font confiance, s'aident mutuellement et, en affaires, ils forment un tandem formidable promis au succès.

En Amour et dans le Mariage

C'est une union splendide ; en amour comme dans le mariage le Rat et le Dragon peuvent trouver beaucoup de bonheur.

Le Rat admire énormément l'assurance, la détermination, l'honorabilité du Dragon, et trouve sa compagnie vive et joyeuse. De même le Dragon aime la nature charmante et sociable du Rat tout comme il apprécie son ingéniosité et sa faculté d'adaptation.

Ils s'aiment tendrement et comme tous deux ont une nature sensuelle et passionnée, l'attraction physique entre eux est grande – le Rat et le Dragon s'amusent beaucoup ensemble. Ils aiment aussi beaucoup se faire des amis et prennent grand plaisir aux divertissements et aux voyages. Ils apprécient la vie au foyer et, s'ils ont des enfants, ils seront des parents aimants et prévenants.

Une excellente union

Rat et Serpent

Relations générales

Le Rat et le Serpent s'apprécient et se respectent, et les relations entre eux sont souvent bonnes. Le Rat a beaucoup d'intérêts, une répartie vive et un charme que le Serpent trouve irrésistible. De son côté, le Rat admire la nature calme, recueillie et méditative du Serpent. Ils aiment être ensemble et bien que leurs goûts diffèrent parfois – le Rat apprécie plus que le Serpent la fréquentation des gens – ces deux signes ont toujours du temps à se consacrer.

En affaires, le Rat et le Serpent travaillent bien ensemble. Le serpent planifie, organise et conseille tandis que le Rat, plus orienté vers l'action, met en œuvre les projets. Le Serpent laisse aussi de bon cœur au Rat persuasif le soin de convaincre leurs clients mais, en même temps, il met utilement un frein à quelques idées risquées du Rat. Tous deux sont ambitieux, opportunistes et matérialistes.

En Amour et dans le Mariage

L'attraction entre ces signes est forte. Le Rat est captivé par le charme calme et séducteur du Serpent tandis que le Serpent est attiré par la nature chaude, amicale et sensuelle du Rat. Il y un charme sexuel puissant entre ces deux signes.

Ils ont des attitudes similaires : tous deux sont opportunistes et traversent la vie avec l'intention de tirer le meilleur de leurs compétences et de leur savoir-faire. Ils apprécient le confort et entendent jouir d'un haut niveau de sécurité matérielle. Ils sont imaginatifs, se plaisent aux discussions intelligentes et peuvent partager le goût pour la littérature et les arts. Ils font des parents aimants et prévenants qui consacrent avec joie beaucoup de temps et d'énergie à l'éducation de leurs enfants.

Toutefois, il y a certains éléments de leurs personnalités qui peuvent poser problème. Le Serpent préfère conduire ses activités de façon calme et mesurée et peut ne pas toujours apprécier le style plus agressif et tempétueux du Rat. Le Rat, quant à lui, peut se sentir limité par la nature possessive du Serpent.

Une bonne union

Rat et Cheval

Relations générales

Le Rat et le Cheval sont tous deux des signes ouverts et pendant une courte période ils peuvent trouver intéressant d'être ensemble. Toutefois leurs tempéraments différents peuvent les faire entrer en conflit et il est rare que le Rat et le Cheval restent très longtemps amis. Ces signes peuvent être très déterminés, arrêtés dans leurs opinions et enclins à les exprimer sans détour, et cela conduit à des heurts. Il n'y a pas beaucoup d'empathie entre eux et la qualité de leurs relations est assez pauvre.

Des problèmes apparaissent également quand le Rat et le Cheval travaillent ensemble, chacun voulant prendre les décisions et dominer. Ils se méfient l'un de l'autre : le Cheval tend à considérer que le Rat est calculateur et avare tandis que le Rat voit dans le Cheval un tempérament impulsif, impatient et irritable. Il y a peu d'accord entre eux et leur esprit compétitif et indépendant prend le meilleur d'eux-mêmes – ce n'est pas un arrangement heureux ou profitable.

En Amour et dans le Mariage

Le Rat et le Cheval sont tous deux passionnés et ils peuvent tomber très amoureux l'un de l'autre. Le Cheval est séduit par le charme irrésistible du Rat et celui-ci par l'attitude ouverte et engageante du Cheval. Au début de leur relation, ils s'amusent beaucoup.

Toutefois leurs relations dégénèrent bien vite. Le Rat et le Cheval sont des signes très déterminés et inflexibles. Tous deux sont égoïstes et veulent dominer la relation. Le Rat est ouvert et direct quand il exprime ses vues et a quelques ennuis quand il enflamme l'irritable Cheval.

Des attitudes différentes concernant l'argent peuvent aussi causer des problèmes. Le Rat économe veut serrer les cordons de la bourse et trouve le Cheval dépensier et prodigue, tandis que le Cheval considère que le Rat est matérialiste et près de ses sous.

Une relation turbulente

Rat et Chèvre

Relations générales

Le Rat et la Chèvre savent tous deux comment prendre du plaisir et ils ont un penchant pour la bonne vie. Ensemble ils se plaisent à boire, aller dîner et mener une vie sociale active. Pendant tout un temps, le Rat et la Chèvre peuvent devenir bons amis mais chacun a des traits qui irritent l'autre et il s'ensuit que leurs chemins tendent à se séparer.

Le Rat et la Chèvre ne travaillent pas bien ensemble. Le Rat est un parfait opportuniste, constamment prêt à l'action et déterminé à tirer le maximum de ses possibilités. Il est compétitif et ambitieux. Quant à la Chèvre, il faut qu'elle se sente stimulée et encouragée par les autres. Le Rat démarre de lui-même, la Chèvre a besoin qu'on la secoue. Dans le travail, il est préférable qu'ils suivent des voies différentes.

En Amour et dans le Mariage

Le Rat et la Chèvre sont des signes amicaux et sociables et ils sont souvent attirés l'un par l'autre. Ils ont une nature romantique et passionnée et tous deux manifestent un puissant sex-appeal.

Il leur est toutefois difficile de maintenir une relation et des projets à long terme concernant une union entre le Rat et la Chèvre sont incontestablement voués à l'échec. Quand l'intensité de leurs sentiments commence à faiblir, ils se rendent compte alors qu'un abîme les sépare.

Le Rat est travailleur, industrieux et énergique, alors que la Chèvre entreprend ses activités d'une façon plus mesurée. Le Rat est économe alors que la Chèvre est prodigue. Le Rat peut être direct et franc, alors que la Chèvre est sensible, évite les controverses et prend très à cœur les critiques du Rat. Le Rat ne s'arrête pas à la nature artiste et parfois fantasque de la Chèvre et, quant à elle, la Chèvre peut en venir à trouver le Rat cupide, indiscret et pointilleux.

Une relation difficile

Rat et Singe

Relations générales

Grâce à leur nature vive et sociable, le Rat et le Singe vont bien ensemble. Chacun admire énormément l'autre et, avec leur grand sens de la drôlerie, ils s'entendent très bien. Le Rat prend plaisir à l'ingéniosité, l'astuce et l'intelligence vive du Singe tandis que le Singe apprécie le charme, la conduite et l'ambition du Rat. Ils peuvent devenir des amis intimes pour longtemps.

Ces deux signes travaillent bien ensemble. Tous deux sont rusés, opportunistes, décidés à réussir, et reconnaissent en l'autre cette conduite et cet engagement. Cependant le Rat comme le Singe sont parfois malins et peuvent être tentés de gruger l'autre ; aucun n'y réussira tant ils sont passés maîtres dans l'art de se protéger. S'ils peuvent ensemble concentrer fermement leur attention sur leurs objectifs communs, ils pourront bénéficier de succès considérables.

En Amour et dans le Mariage

L'attraction est forte entre le Rat et le Singe ; en amour et dans le mariage ils peuvent trouver beaucoup de bonheur. Grâce aux nombreux intérêts qu'ils partagent et à leurs perspectives similaires, ils sont bien assortis et forment un couple uni et plein d'amour.

Tous deux aiment beaucoup fréquenter les gens et ils sont entourés de beaucoup d'amis. Ils prennent beaucoup de plaisir à s'amuser à la maison. Les Rats et les Singes aiment vivre bien et, avec leur talent pour faire de l'argent, la plupart des couples Rat-Singe sont à l'abri du besoin.

Le Singe apprécie le Rat pour sa loyauté, son jugement, son enthousiasme et son don d'organiser un foyer. Le Rat, quant à lui, est réjoui par l'entrain du Singe, son astuce, son ingéniosité et son esprit d'initiative. Bien que le Rat soit plus attiré par le foyer que le Singe, ils consacrent beaucoup de temps et d'énergie à leur intérieur et aux enfants qu'ils peuvent avoir. Et aussi – comme ils partagent un grand sens de l'humour – il y a une forte dose d'amusement dans leur relation.

Une excellente union

Rat et Coq

Relations générales

Bien que le Rat et le Coq soient deux signes sociables et ouverts, ils ne s'entendent pas très bien. Le Rat a de l'aversion pour la vanité et l'égoïsme du Coq tandis que le Coq trouve le Rat trop opportuniste et manipulateur. Ils ne font pas non plus confiance. Il se peut que ces deux-là soient connus pour ne pas mâcher leurs mots et leur franc-parler peut sonner le glas de toute amitié qui aurait pu exister entre eux.

Le Rat et le Coq ne travaillent pas bien ensemble. Le Coq planifie ses activités dans le plus petit détail et est très organisé tandis que le Rat excelle dans sa façon de tirer avantage d'une situation et se fie beaucoup à son charme et à son ingéniosité. Le Rat trouve que le Coq a une influence beaucoup trop restreinte tandis que le Coq a de l'aversion pour les manières opportunistes du Rat. Ce n'est pas une association promise au succès.

En Amour et dans le Mariage

Au départ, il peut y avoir une forte attraction mutuelle. Tous deux aiment avoir une vie sociale active et ont un goût prononcé pour les réunions et la conversation. Dans les premiers temps de leur relation, ils peuvent beaucoup s'amuser, chacun étant charmé par les qualités de l'autre. Toutefois les projets à long terme sont difficiles et chaque signe doit faire énormément de concessions pour maintenir cette union.

Bien qu'ils puissent partager des intérêts de même nature, leurs traits de personnalité très différents peuvent les conduire à des conflits. Ce sont des caractères très forts, avec une façon de penser bien à eux, et chacun essaie de dominer la relation. Le Coq est précis, ordonné et bien organisé ; le Rat préfère vivre au jour le jour. Il est probable qu'il y ait beaucoup de disputes et de chamailleries et, avec leur nature directe, ils risquent fort de passer leur temps à se critiquer.

Une union agitée

Rat et Chien

Relations générales

Le Rat et le Chien se réjouissent de la compagnie de l'autre et ils peuvent devenir d'assez bons amis. Le Rat admire la nature loyale et confiante du Chien tandis que le Chien prend plaisir à l'attitude sociable et ouverte du Rat. Ils peuvent passer bien des heures ensemble à parler et échanger des points de vue.

Quand le Rat et le Chien travaillent ensemble, ils ne sont pas toujours en plein accord mais ils peuvent bénéficier des atouts de l'autre. Le Chien n'est pas aussi matérialiste que le Rat et peut désapprouver l'opportunisme du Rat. De même que le Rat économe peut désespérer de la tendance dépensière du Chien. Toutefois, s'ils peuvent concilier leurs différences, le Chien peut tirer profit de la nature confiante et entreprenante du Rat tandis que le Chien peut apporter l'ordre, la méthode et la discipline aux façons de travailler du Rat.

En Amour et dans le Mariage

Le Rat et le Chien possèdent tous deux des qualités que l'autre admire ; en amour et dans le mariage ils peuvent avoir une relation satisfaisante. Le Rat admire énormément la loyauté et le sérieux du Chien. Il est attentif à l'avis du Chien et celui-ci est un frein utile à sa nature impulsive. Le Chien, quant à lui, prend plaisir à la nature charmante, sociable et aimante du Rat. Le Rat ingénieux donne confiance au Chien et fait beaucoup pour alléger ses soucis et calmer ses anxiétés.

Ce sont des signes romantiques et passionnés qui attachent beaucoup d'importance à leur foyer. Tous deux s'efforcent de le rendre confortable et, de par leurs puissants liens familiaux, la maison est probablement pleine de tableaux de famille, de souvenirs d'enfance et autres exemple de nostalgie.

Toutefois il peut survenir des problèmes. Le Rat est économe et fait attention à son argent tandis que le Chien, aux yeux du Rat, est dépensier. Le Rat peut être agité et prend plaisir au changement et aux défis tandis que le Chien apprécie la constance et les projets prudents.

S'ils peuvent concilier leurs différences, alors le Rat et le Chien peuvent goûter une relation profondément satisfaisante.

Rat et Sanglier

Relations générales

Le Rat et le Sanglier ont beaucoup d'intérêts en commun et deviennent souvent des amis intimes et loyaux. Ils sont tous deux ouverts, aiment se faire des amis et ont un penchant pour les bonnes choses de la vie. Ils prennent plaisir à se trouver ensemble et partagent souvent des points de vue similaires. Les relations entre ces deux signes sont en général excellentes.

En tant que collègues ou associés dans le travail, ils peuvent remporter beaucoup de succès. Tous deux travaillent avec ardeur et assiduité et ont l'esprit d'entreprise. Le Sanglier est enchanté par le talent du Rat pour trouver des opportunités et développer des idées tandis que le Rat apprécie le flair commercial du Sanglier et son aptitude à gagner de l'argent. Pourvu que le Rat n'essaie pas de profiter de la nature confiante du Sanglier, il font un partenariat prospère et redoutable.

En Amour et dans le Mariage

Il y a une attraction considérable entre le Rat et le Sanglier ; en amour et dans le mariage, ils peuvent trouver le bonheur. Ce sont deux signes sensuels et passionnés et il y a entre eux une puissante attirance physique.

Le Rat et le Sanglier attachent beaucoup d'importance à leur foyer et à leur famille. Ils font des parents aimants et prévenants et consacrent beaucoup de temps et d'énergie à aménager et tenir leur foyer ; avec eux, on peut être sûr qu'il sera meublé avec goût. Toutefois, il est à craindre que la maison ne soit rapidement pleine : avec les faiblesses que s'autorise le Sanglier et la propension du Rat à acquérir et à accumuler, il se pourrait qu'ils aient des biens à n'en savoir que faire.

Ensemble le Rat et le Sanglier ont une capacité financière considérable ; la plupart des couples Rat et Sanglier sont à l'abri du besoin et peuvent se permettre un bon niveau de vie.

Une excellente union

Le Buffle

Qualités spécifiques :

Résolu, volontaire, ambitieux, prudent,
patient, obstiné

En amour :

Loyal, bienveillant et fiable.

Qu'il laboure un champ ou tire une charrette, le buffle est un travailleur puissant et discipliné. Le deuxième signe chinois est régi par l'équilibre et la ténacité ; ses manières sont calmes, paisibles et ordonnées. Bien qu'il puisse paraître réservé, il est à la fois résolu et tenace.

Le Buffle aborde la vie de façon prudente et méthodique. Il planifie prudemment ses activités et n'aime pas le changement ou tout ce qui est trop aventureux ou innovateur. Le Buffle est terre-à-terre et s'il manque parfois de tact, au moins ceux qui ont affaire à lui savent à quoi s'en tenir.

Le Buffle est méthodique, appliqué et souvent solitaire. Il entend mener ses activités à sa manière et selon ses propres critères. Le Buffle préfère également se spécialiser et fixer ses intérêts plutôt que de s'engager dans un grand nombre d'activités.

La femme Buffle est une personne pratique. Elle est très consciente de ses responsabilités et soutient son partenaire et ses enfants. Elle prend aussi beaucoup de plaisir à organiser son foyer et les autres s'étonnent souvent de ses aptitudes.

L'homme Buffle est calme mais sûr de lui. Il peut ne pas être aussi ouvert que les autres signes, mais il a l'esprit vif et une forte détermination.

Toutefois le Buffle a ses points faibles. Il peut être têtu, intransigeant, et s'adapte mal au changement. Il peut être aussi plein de préjugés, inflexible, intolérant, et inspirer un respect mêlé de crainte mais, heureusement, en de rares occasions.

BUFFLES CÉLÈBRES

Jean-Sébastien Bach, Charlie Chaplin, Dustin Hoffman, Anthony Hopkins, Napoléon.

Buffle et Buffle

Relations générales

Entre deux Buffles il y a du respect et de l'admiration mais ils ne sont pas toujours amis intimes. Les Buffles sont déterminés, ambitieux et souvent solitaires ; même si un Buffle peut reconnaître les qualités et la ténacité d'un autre Buffle, ils préfèrent souvent garder leurs distances. Tout Buffle tient à son indépendance et aime suivre sa propre voie.

Tous deux sont des travailleurs courageux et tenaces et si un but commun les unit, leur persévérance et leur détermination seront toujours récompensées. Dans une relation de travail entre deux Buffles, il serait préférable qu'il y ait un clair partage des responsabilités, sinon il pourrait se produire une lutte pour l'autorité. Quoi qu'il en soit, leurs natures ambitieuses et volontaires peuvent leur donner une force puissante.

En Amour et dans le Mariage

Les Buffles aiment un style de vie tranquille, stable et calme. Comme ils ont beaucoup d'intérêts communs – et qu'ils ont de l'aversion pour le changement – ils peuvent se trouver contents d'être ensemble. En couple, ils mèneront leurs activités de façon ordonnée et efficace et comme aucun d'eux n'a de goûts dispendieux, la plupart des couples de ce signe sont matériellement à l'aise. Tous deux ont également un sens pratique et un couple Buffle prend beaucoup de plaisir à créer et à tenir un intérieur.

Les Buffles sont loyaux, fidèles et pleinement conscients de leurs responsabilités ; dans le couple, il y aura beaucoup de confiance entre eux. Si les Buffles ont des enfants, ils feront des parents consciencieux, aimants – mais stricts.

Toutefois des problèmes peuvent survenir. Tous deux sont volontaires et obstinés, aussi les compromis seront-ils difficiles. Comme les Buffles ont tendance à suivre des chemins tout tracés, la relation pourrait être dépourvue d'excitation ou d'étincelles.

Une bonne union

Buffle et Tigre

Relations générales

Le Buffle et le Tigre sont deux signes puissants et déterminés, leurs personnalités et leurs tempéraments se heurtent. Aucun des deux ne se confie aisément à l'autre et les relations générales entre eux sont pauvres. Le Buffle pratique et terre-à-terre trouve que le Tigre est agité et versatile tandis que le Tigre considère que le Buffle n'a pas le sens de l'aventure et manque de souplesse.

Les différences de personnalités se font également jour quand ils travaillent ensemble. Le Tigre, souvent bouillonnant d'enthousiasme et d'idées nouvelles, trouve que le prudent Buffle a une influence beaucoup trop mesurée et inhibante, tandis que le Buffle considère que le Tigre est téméraire et impulsif. Les deux signes se heurtent et vont probablement suivre des voies différentes.

En Amour et dans le Mariage

Une union entre ces deux signes peut s'avérer à la fois une difficulté et un challenge.

Bien qu'au départ il puisse y avoir une attraction entre le Buffle et le Tigre, la relation sera aléatoire. Le Buffle préfère s'occuper de ses activités de façon calme, méthodique et ordonnée, tandis que le Tigre est beaucoup plus aventureux et extraverti. Il prend un grand plaisir aux challenges, aux situations nouvelles, et s'adonne à un grand nombre d'activités. Le Buffle et le Tigre vivent leurs vies à des allures différentes.

Les deux signes ont peu d'intérêts en commun. Le Tigre aime mener une vie sociale active alors que le Buffle apprécie peu la fréquentation d'autrui. Le Tigre passionné cherche à s'amuser mais le Buffle – qui goûte la vie à sa façon – n'est pas volontiers aussi ouvert que le Tigre car il est beaucoup plus sérieux et retenu.

Une union difficile

Buffle et Lièvre

Relations générales

Le Buffle et le Lièvre ont une admiration mutuelle et peuvent devenir de bons et loyaux amis. Ils ont le goût des choses paisibles et peuvent avoir en commun bien des centres d'intérêt. Ils se lient facilement et il y a entre eux beaucoup de confiance et de compréhension.

Tous deux sont des travailleurs méthodiques, appliqués et consciencieux et ils aiment planifier soigneusement leurs activités. Dans une relation commerciale, chacun bénéficie du travail de l'autre. Le Lièvre estime la vigueur, la ténacité et la résolution du Buffle tandis que le Buffle apprécie le sens aigu des affaires et le flair commercial du Lièvre. Ils se font confiance et s'aident mutuellement. Il faut admettre que ni l'un ni l'autre ne prend des risques et qu'ils sont plutôt conservateurs, mais leurs talents conjugués leur apportent d'habitude un grand succès.

En Amour et dans le Mariage

Il y a une attraction considérable entre le Buffle et le Lièvre et, en amour comme dans le mariage, ils peuvent trouver beaucoup de bonheur.

Bien que leurs personnalités soient très différentes – le Buffle étant plus assuré que le Lièvre – elles se complètent très bien. Le Lièvre est ravi d'avoir un partenaire aussi résolu, fiable et protecteur, tandis que le Buffle apprécie les manières sérieuses, intelligentes et affectueuses du Lièvre. Ces deux signes sont tranquilles, pacifiques, et ne tiennent pas à suivre un mode de vie frénétique ou changeant. Tous deux accordent de l'importance à leur vie au foyer et sont mutuellement très prévenants et d'un grand soutien. Ils apprécient ensemble la musique, la littérature et les arts, et ont une prédilection pour la vie à la campagne.

Grâce à leur nature méthodique et consciencieuse – ils savent bien gagner leur vie – la plupart des couples Buffle-Lièvre sont à l'abri du besoin.

Un couple idéal

Buffle et Dragon

Relations générales

Bien que le Buffle et le Dragon puissent s'admirer et se respecter, ils deviennent rarement amis intimes. Le Dragon est extraverti, toujours actif et porté à la fréquentation des gens. Le Buffle est plus calme, plus solitaire, et ne vit pas à la même vitesse que le Dragon. Ils ont peu d'intérêts en commun et chacun préfère passer son temps avec ceux qui sont plus en accord avec ses goûts et sa personnalité.

Les relations entre le Buffle et le Dragon s'améliorent quand ils travaillent ensemble. Tous deux sont des travailleurs ambitieux et zélés et chacun reconnaît les qualités de l'autre. Le Buffle estime l'esprit d'entreprise et l'enthousiasme du Dragon tandis que le Dragon apprécie la ténacité et la persévérance du Buffle. Quand un objectif commun les unit, le Buffle et le Dragon forment un formidable tandem.

En Amour et dans le Mariage

Le Buffle et le Dragon ont chacun des qualités que l'autre admire et pendant tout un temps ils peuvent être attirés l'un par l'autre. Chacun se réjouit d'être avec son opposé – un introverti explorant le monde d'un extraverti et vice versa.

Malgré une attirance mutuelle initiale, leurs projets à long terme tournent court.

Le Buffle et le Dragon sont tous deux des caractères puissants et chacun peut tenter de dominer la relation. Ils peuvent se montrer entêtés et leur nature directe conduit à des échanges vifs. Le Dragon aime mener une vie sociale active et s'engage dans une multitude d'activités, tandis que le Buffle préfère une existence plus calme et se plaît à rester tranquillement chez lui. Le Dragon peut se sentir limité par le Buffle et le Buffle peut être perturbé par l'agitation du Dragon.

Une union difficile

Buffle et Serpent

Relations générales

Le Buffle et le Serpent ont beaucoup de choses en commun et leurs relations sont bonnes. Tous deux ont une nature calme et réservée et se trouvent bien en compagnie de l'autre. Il y a entre eux confiance et compréhension et ils s'entendent bien. Le Buffle admire l'attitude sérieuse et réfléchie du Serpent tandis que le Serpent estime la nature bienveillante, confiante et déterminée du Buffle.

Le Buffle et le Serpent travaillent bien ensemble. Tous deux sont ambitieux et mettent du zèle à tirer le meilleur de leurs talents considérables. Ainsi le Serpent apprécie la ténacité, la volonté et la détermination du Buffle tandis que le Buffle estime le sens aigu des affaires et les idées originales du Serpent. Ils se font confiance, se respectent et sont ensemble promis au succès.

En Amour et dans le Mariage

Ces deux signes sont souvent attirés l'un par l'autre et, en amour comme dans le mariage, leur union est satisfaisante.

Le Buffle admire énormément le comportement discret et sérieux du Serpent, ses goûts raffinés et sa bonne humeur ; il est captivé par son charme magnétique.

Le Serpent estime la nature pratique et fiable du Buffle. Le Buffle, résolu et ambitieux, est travailleur. Il sait ce qu'il attend de la vie et une telle attitude a la faveur d'un Serpent tout aussi ambitieux.

Le Buffle tient remarquablement sa maison et bien souvent le Serpent préfère laisser les décisions et les aménagements domestiques dans les mains expertes du Buffle tandis qu'il se charge de leurs soucis financiers et administratifs. Ils œuvrent vraiment en tandem.

Tous deux ont un goût pour les arts – en particulier la musique et la littérature – et les activités de plein air. S'ils fondent une famille, ils sont des parents aimants et responsables.

Une union excellente et profondément satisfaisante

Buffle et Cheval

Relations générales

Le Buffle et le Cheval sont deux signes volontaires et résolus ; leurs relations mutuelles seront difficiles. Le Cheval aime mener une vie active, énergique, et fréquenter beaucoup de monde tandis que le Buffle est plus calme, plus réservé et recherche un mode de vie plus stable.

Bien que le Buffle et le Cheval soient tous deux durs à la tâche, ils ne travaillent pas bien ensemble. Le Buffle est prudent, méthodique et circonspect tandis que le Cheval est beaucoup plus aventureux et entreprenant. Leur nature résolue et des perspectives différentes peuvent les mener à bien des désagréments – ils préféreront certainement suivre leur propre voie et s'en remettre à leurs propres méthodes plutôt que de coopérer ou de travailler d'un commun accord.

En Amour et dans le Mariage

Le Buffle et le Cheval ont peu d'intérêts en commun et préfèrent entreprendre leurs activités à leurs manières. Il est toutefois possible, malgré toutes leurs différences, qu'ils soient attirés par les forces et les qualités de l'autre – le Buffle peut apprécier l'astuce, l'intelligence et la tendresse du Cheval et le Cheval admirer l'intégrité et la loyauté du Buffle – en amour il leur faut surmonter bien des obstacles s'ils veulent construire une relation harmonieuse et durable.

Le Buffle et le Cheval peuvent avoir une forte volonté. Chacun essaie de dominer l'autre et, étant donné leur nature obstinée, il ne leur est pas toujours facile de trouver des compromis. Les deux signes vivent la vie à des cadences différentes. Le Cheval veut rester actif alors que le Buffle préfère une existence plus calme. Le Cheval est romantique et peut ne pas trouver le Buffle aussi passionné ou affectueux qu'il le souhaiterait.

Une union difficile

Buffle et Chèvre

Relations générales

Le Buffle et la Chèvre ont peu de choses en commun. Le Buffle travailleur et obéissant apprécie peu la nature imaginative, fantasque et souvent imprudente de la Chèvre. La Chèvre, quant à elle, trouve le Buffle trop sérieux et terre-à-terre. Ces deux-là deviennent rarement des amis.

Le Buffle est un travailleur acharné et assidu et il entreprend ses activités avec une détermination et une volonté considérables. La Chèvre, quant à elle, n'a pas la ténacité ni l'ambition du Buffle mais elle peut admirer son engagement ; il y a peu de compréhension entre eux. Le Buffle désespère de la nature hésitante et indécise de la Chèvre tandis que celle-ci trouve que le Buffle est intransigeant et obstiné. Dans un contexte de travail, leurs personnalités se heurtent.

En Amour et dans le Mariage

Le Buffle et la Chèvre sont opposés de bien des manières. Le Buffle a une attitude prudente, respectueuse et méthodique alors que la Chèvre en prend plus à son aise. La Chèvre vit dans le présent et elle est capricieuse tandis que le Buffle est décidé et planifie ses activités avec soin.

Le Buffle n'apprécie pas totalement la nature artiste et imaginative de la Chèvre mais celle-ci, plus sensible, se trouve à l'aise avec la franchise du Buffle. De plus, le Buffle fait attention avec l'argent alors que la Chèvre a tendance à le dépenser sans compter.

Il y a un abîme entre ces deux signes et il faut un couple exceptionnel pour cette relation réussisse.

Une union difficile

Buffle et Singe

Relations générales

Le Buffle et le Singe ont du respect l'un pour l'autre. Bien qu'au niveau social chacun préfère des signes plus semblables à lui – le Singe a une nature vive et extravertie alors que le Buffle est plus paisible – tous deux reconnaissent les qualités de l'autre et, la plupart du temps, ils peuvent bien s'entendre sans nécessairement devenir des amis proches.

Le Buffle et le Singe travaillent avec succès en tandem. Le Buffle estime à leur juste valeur l'ingéniosité et la pensée rapide du Singe tandis que le Singe tire profit de l'approche plus pratique et persévérante du Buffle. La prudence du Buffle a une influence stabilisante sur le Singe et celui-ci apporte au Buffle son inventivité. Ces deux signes sont ambitieux et astucieux. Ils ont du respect et de la considération l'un pour l'autre.

En Amour et dans le Mariage

Du fait de leurs nombreuses différences, le Buffle et le Singe sont souvent attirés l'un par l'autre et, en amour comme dans le mariage, ils peuvent vivre une bonne union.

Le Buffle a la discipline et la ténacité dont manque souvent le Singe et il peut avoir une influence stabilisante. Le Buffle donne au Singe un sens de la sécurité et de la stabilité et lui apprend à être loyal et sérieux. Le Singe apporte une compagnie animée et joyeuse, ce qui peut être tonique pour le Buffle calme et soumis. Il peut ainsi devenir plus ouvert sous l'influence du Singe. Le Singe montre au Buffle comment profiter de la vie plutôt que de penser constamment à ses problèmes et ses activités.

S'ils ont des enfants, ils sauront être des parents aimants et consciencieux et les enfants pourront bénéficier des qualités d'introversion et d'extraversion de leurs progéniteurs.

Une bonne union

Buffle et Coq

Relations générales

Ces deux signes s'entendent bien et peuvent devenir de solides amis. Le Coq admire les manières déterminées, calmes et sincères du Buffle tandis que le Buffle trouve que la compagnie du Coq – avec ses nombreux centres d'intérêt et sa nature ouverte – est très stimulante.

Le Buffle et le Coq travaillent bien ensemble en tant que collègues ou partenaires en affaires. Chacun motive et encourage l'autre. Le Buffle bénéficie des talents d'organisation et de la nature extravertie du Coq tandis que le Coq est inspiré par la ténacité et la volonté puissante du Buffle ; tous deux sont efficaces et méthodiques dans leurs obligations.

En Amour et dans le Mariage

Le Buffle et le Coq sont souvent attirés l'un par l'autre et ils se conviennent de façon idéale. Ils partagent des valeurs et des façons de voir semblables et ils se complètent fort bien l'un l'autre.

Ils consacrent ensemble beaucoup de temps à leurs intérêts communs. Tous deux peuvent être des jardiniers passionnés et se plaire à la campagne comme être de grands lecteurs. Ils dépensent également beaucoup d'énergie pour leur foyer et leurs enfants. Tous deux sont des parents consciencieux.

Le Coq aide le Buffle à être plus ouvert et à élargir le champ de ses intérêts tandis que le Buffle a une influence stabilisante sur la nature parfois versatile du Coq. Tous deux ont des vues conservatrices et mettent tout leur zèle à tirer le maximum de leurs possibilités.

En amour et dans le mariage, ces signes peuvent vivre une relation durable basée sur l'amour, la loyauté et la confiance.

Une excellente relation

Buffle et Chien

Relations générales

Bien que le Buffle et le Chien puissent admirer mutuellement leurs natures ouvertes, sincères et fiables, leurs points de vue et leurs personnalités se heurtent souvent. L'attitude dominatrice du Buffle peut déplaire au Chien tandis que l'idéalisme du Chien n'est pas vraiment apprécié par le Buffle.

De même, quand le Buffle et le Chien travaillent ensemble, les relations s'avèrent difficiles. Le Buffle est ambitieux, tenace et désireux de donner le meilleur. Il a peu de patience pour l'inquiétude du Chien et ses tendances parfois pessimistes. Le Buffle ne partage pas l'idéalisme du Chien ni n'approuve ses manières d'agir généreuses et prodigues. Le Chien, quant à lui, est contrarié par l'autoritarisme et l'intransigeance du Buffle. Leur climat de travail souffrira d'un manque de confiance et de compréhension.

En Amour et dans le Mariage

En amour comme dans le mariage, l'union est difficile sans toutefois être impossible.

Ces deux signes ont en commun une importante qualité : la loyauté ; chacun est fidèle à son partenaire. Le Chien admire la nature confiante et déterminée du Buffle et il apprécie ses manières sincères et fiables. De même le Buffle estime l'affection, l'aide et la discrétion du Chien.

Le Buffle pratique et terre-à-terre peut ne pas être toujours aussi spontané que le Chien l'aimerait. Toutefois, si le Buffle et le Chien sont prêts à faire des efforts, il est possible qu'ils puissent avoir une relation intéressante. Le Chien anxieux peut recevoir l'aide du comportement confiant du Buffle tandis que le Chien peut aider le Buffle à élargir ses intérêts et à le rendre plus sociable. Tous deux attachent une grande importance à leur vie au foyer et ils pourront consacrer beaucoup de temps et d'énergie pour leurs enfants.

Une relation difficile mais qui en vaut la peine

Buffle et Sanglier

Relations générales

Il y a beaucoup de respect entre le Buffle et le Sanglier et ces deux signes peuvent devenir de solides amis. Le Buffle aime la sincérité et l'ouverture du Sanglier tandis que le Sanglier admire l'intégrité et la nature respectueuse du Buffle. Bien que le Buffle ne soit pas aussi porté à fréquenter autrui que le Sanglier, ils ont beaucoup d'intérêts en commun et apprécient énormément le jardinage, la campagne et la vie à l'extérieur.

Le Buffle et le Sanglier travaillent bien ensemble. Tous deux sont des travailleurs persévérants et appliqués et, une fois qu'ils ont choisi un objectif, ils travaillent dur et longtemps pour atteindre leur but. Ils sont patients et tenaces et il y a entre eux une entente respectueuse et loyale. Le Buffle profite de l'esprit d'entreprise du Sanglier et le Sanglier des procédés méthodiques du Buffle – ils auront ensemble du succès.

En Amour et dans le Mariage

Le Buffle et le Sanglier sont souvent attirés l'un par l'autre et ils peuvent entreprendre une relation pleine de succès.

Tous deux sont ouverts et honnêtes dans leurs sentiments et il existe une grande confiance entre eux. Ils sont l'un comme l'autre travailleurs et consciencieux ; ils peuvent partager un mode de vie agréable, stable et confortable. Ils apprécient leur foyer, sont pratiques de nature et constamment actifs. Ils ont également une prédilection pour la vie à l'extérieur et peuvent être de zélés jardiniers ou randonneurs. La principale différence entre eux, cependant, est que le Sanglier a plus de goût pour une vie sociale active et il arrive parfois qu'il aimerait bien que le Buffle soit plus entreprenant.

Une excellente union

Le Tigre

Qualités spécifiques :

Assuré, aventureux, indépendant, inventif, généreux, remuant et impulsif.

En amour :

Sincère, passionné et un vrai romantique !

Fier, imposant et toujours alerte, le tigre est un animal majestueux. Les natifs du troisième signe chinois sont hardis, entreprenants et ont quelque mal à obtenir le respect des autres.

Le Tigre a une nature pleine de vie. Il aime rester actif et a souvent beaucoup de centres d'intérêt. Il suit le courage de ses convictions et bien des gens l'admirent pour son attitude sincère et courageuse. Le Tigre exprime ouvertement ses vues et ne peut tolérer la fausseté et l'hypocrisie. Il tient fermement à ses opinions et alors qu'il aime donner des conseils aux autres, il écoute rarement ce qu'on lui dit, préférant se fier à son instinct et à son intuition. Avec son enthousiasme, son énergie et sa nature déterminée, il se haussera facilement au sommet de la profession qu'il aura choisie.

En amour, le tigre est romantique. Il est sincère et ouvert dans ses affections et il a une nature passionnée. Il se consacrera entièrement à la personne aimée et ses sentiments seront intenses. Il a toutefois un tempérament agité et il arrive que ses sentiments commencent à vagabonder.

La femme Tigre a une nature chaude et amicale. Elle est expansive, vive, ambitieuse et s'adapte facilement. Elle s'intéresse activement à l'éducation de ses enfants et fait un admirable enseignant.

À un moment de sa vie, le Tigre peut être tenté de prendre le large et de faire ce qu'il lui plaît : quitter la société pour un temps, voyager dans le monde ou abandonner son emploi pour suivre son ambition. Le Tigre preneur de risques est à lui-même sa propre loi.

TIGRES CÉLÈBRES :

Richard Branson, Tom Cruise, Marilyn Monroe, Demi Moore, Oscar Wilde.

Tigre et Tigre

Relations générales

Grâce à sa nature ouverte et pleine d'entrain, le Tigre se fait facilement des amis. Toutefois, avec son signe, les relations sont difficiles. Le Tigre est audacieux et aime suivre sa propre voie, aussi quand deux Tigres se rencontrent, ils se heurtent. Chacun essaie de dominer l'autre et tous deux ont une telle indépendance d'esprit qu'ils n'ont pas besoin d'un Tigre volontaire comme compagnon.

Les relations de travail entre deux Tigres peut s'avérer difficile. Ils ont tous deux l'esprit de compétition et, plutôt que d'unir leurs forces et de travailler en tandem, ils finiront probablement par lutter l'un contre l'autre. Ce sont des esprits trop remuants et trop indépendants pour qu'existe entre eux une relation de travail satisfaisante. En tant que collègues ou partenaires en affaires, ils suivront rapidement leur propre voie.

En Amour et dans le Mariage

Quand deux Tigres se rencontrent, ils peuvent s'amuser beaucoup ensemble mais l'attraction mutuelle sera de courte durée. Ce peut être une union difficile.

Les Tigres aiment garder une certaine indépendance dans leurs actions et cela pourrait causer une tension dans leur relation. Chacun veut faire ce qu'il veut comme il l'entend et, avec le temps, ce désir d'indépendance peut devenir plus prononcé. Un couple Tigre risque d'être agité et il peut y avoir un grand manque de stabilité dans la maisonnée d'un Tigre. De plus, ils auront tous deux tendance à dépenser largement leur argent et ils verront leurs économies diminuer rapidement.

En général, bien que les Tigres aient bien des qualités excellentes et admirables, ils sont mal assortis. Ils sont trop dominateurs, impétueux et agités pour vivre en harmonie et il faut vraiment que le couple Tigre soit exceptionnel pour que cette relation réussisse.

Une union difficile

Tigre et Lièvre

Relations générales

Le Tigre et le Lièvre trouvent la compagnie de l'autre intéressante. Le Lièvre admire le courage, l'entrain et l'enthousiasme du Tigre et le Tigre estime la nature discrète et la société agréable du Lièvre. Bien qu'ils aient des personnalités très différentes – le Tigre étant beaucoup plus expansif et aventureux que le Lièvre – ils se respectent l'un l'autre et leurs relations sont assez bonnes.

Quand le Tigre et le Lièvre travaillent ensemble, chacun bénéficie du savoir-faire et de la force de l'autre. Le Lièvre est aidé par le tempérament enthousiaste, entreprenant et innovateur du Tigre tandis que le Tigre bénéficie de l'organisation et du profond sens des affaires du Lièvre. Aussi le Lièvre réussit remarquablement à tempérer les imprudences du Tigre. En combinant leurs talents respectifs, ils peuvent faire un remarquable tandem.

En Amour et dans le Mariage

Il y a une attraction considérable entre le Tigre et le Lièvre. Celui-ci goûte fort l'entrain et la vivacité du Tigre tandis que le Tigre apprécie les manières sociables et raffinées du Lièvre. Ce sont des signes sensuels et passionnés qui éprouvent l'un pour l'autre une forte attraction physique.

Ils aiment à la fois le confort et la fréquentation des gens et se plaisent à mener une vie sociale active. Ils bénéficient de la compagnie de l'autre ; le Lièvre peut devenir plus assuré sous l'influence du Tigre tandis que le Tigre peut devenir plus organisé et moins impulsif. Le Lièvre a également une influence stabilisatrice sur la nature emportée du Tigre.

Toutefois, pour maintenir leur relation, chacun doit s'efforcer de s'ajuster à l'autre. Il faut que le Lièvre laisse au Tigre son indépendance au lieu d'exiger une complète proximité et le Tigre doit avoir soin de respecter les sentiments du Lièvre. Malgré leurs différences, ils apprécient les belles qualités de l'autre et forment une union satisfaisante qui comble leur attente.

Une excellente union

Tigre et Dragon

Relations générales

Le Tigre et le Dragon peuvent se réjouir de la compagnie de l'autre pendant un temps ; ils aiment rester actifs, apprécient la fréquentation des autres, les voyages et peuvent aussi partager un penchant pour les activités à l'extérieur. Mais un jour leurs personnalités dominatrices et énergiques risquent de s'affronter, d'autant qu'ils peuvent être directs quand ils expriment leurs vues et leurs opinions.

Dans le travail, le Tigre et le Dragon peuvent être efficaces. Tous deux sont entreprenants et ambitieux et ils ont ensemble une réserve d'idées inépuisable. Ils savent aussi prendre des risques et peuvent être audacieux et ingénieux dans leurs actions. Sauf s'ils veulent trop entreprendre, ils peuvent remporter un succès considérable. Ils forment un joli duo dynamique.

En Amour et dans le Mariage

De par leurs natures vives, passionnées et expansives, le Tigre et le Dragon sont souvent attirés l'un par l'autre. Dans les premiers temps de leur relation, il y a beaucoup de passion, d'excitation et de bonheur. Tous deux aiment fréquenter autrui, voyager et s'occuper de tout un tas d'activités. La vie n'est jamais ennuyeuse dans une maison Tigre-Dragon !

Cependant le Tigre et le Dragon sont des signes énergiques et ils aiment suivre leur propre voie. Il se peut que tous deux s'expriment trop directement et leur franchise risque de les conduire à de brûlants échanges. Ils peuvent aussi s'agiter et revendiquer une certaine indépendance dans leurs actions et cela peut provoquer des tensions dans leur relation.

Si le Tigre et le Dragon sont disposés à faire des concessions, ils seront capables de maintenir l'intensité des débuts glorieux de leur relation.

Une union excitante – mais difficile

Tigre et Serpent

Relations générales

Le Tigre et le Serpent ne s'entendent pas bien. Le Tigre est un extraverti résolu et le Serpent un introverti tout aussi résolu. Le Serpent est calme, méthodique et réfléchi tandis que le Tigre déborde d'énergie et de verve. Sauf pour une vive discussion fortuite, ces deux-là préfèrent fréquenter d'autres signes plus en accord avec leurs propres caractères.

Quand ils travaillent ensemble, il peut y avoir un manque de confiance entre le Tigre et le Serpent. Le Serpent trouve le Tigre téméraire tandis que le Tigre se méfie de la nature tranquille et secrète du Serpent. Le Tigre est impulsif et s'exprime par l'action alors que le Serpent est plus patient et calculateur. Si les deux signes sont prêts à faire quelques pas pour harmoniser leurs différences, ils verront qu'ils pourront bénéficier de la force de l'autre, mais comme tous deux ont du mal à aimer l'autre et lui faire confiance, cela arrive rarement.

En Amour et dans le Mariage

Le Tigre et le Serpent sont à l'opposé l'un de l'autre et en général ils ne s'entendent pas. Bien qu'il puisse y avoir quelque attraction mutuelle au début entre les deux signes – le Tigre étant enchanté par le comportement séducteur du Serpent et le Serpent par l'allant du Tigre – elle sera probablement de courte durée.

Les Tigres sont des âmes orientées vers l'action qui aiment vivre pleinement leur vie. Le Serpent, au contraire, est calme, réfléchi, et il avance dans la vie à sa propre allure. Le Serpent ne saurait accepter l'agitation et la vigueur avec lesquelles le Tigre choisit de conduire ses activités tandis que le Tigre perd vite patience devant le comportement lent et calculé du Serpent.

La possessivité du Serpent déplaît aussi fortement au Tigre. Celui-ci aime garder une marge d'indépendance et le Serpent considère cette attitude avec méfiance. Comme le Tigre a tendance à dépenser plus que le Serpent, il peut y avoir des conflits sur les questions d'argent.

Une union difficile

Tigre et Cheval

Relations générales

Le Tigre et le Cheval sont deux individus vifs et fougueux qui s'entendent bien ensemble. Parmi les centres d'intérêt qu'ils partagent, il y a le plaisir de la discussion, du voyage et de la vie en plein air ; avec leur enthousiasme et leur énergie, ils auront ensemble du bon temps. Ils deviennent souvent de solides amis.

Ces deux signes également travaillent bien ensemble et, en tant que collègues ou partenaires en affaires, ils peuvent profiter d'un succès considérable. Tous deux sont audacieux, entreprenants et travaillent beaucoup. Aucun des deux ne craint de prendre des risques et sans nul doute ils conçoivent bien des projets intéressants. Ils se font confiance et se respectent ; bien que chacun puisse être parfois versatile, l'un arrive souvent à contenir l'autre. Grâce à leur enthousiasme et à leur détermination, le Tigre et le Cheval s'imposent facilement.

En Amour et dans le Mariage

Le Tigre et le Cheval sont des signes sensuels et passionnés et, de par leur allure pleine d'entrain, ils sont souvent attirés l'un par l'autre.

Ils ont beaucoup d'intérêts en commun, aiment fréquenter les gens et ont l'esprit aventureux. Toutefois la donnée importante de cette union est que chacun reconnaît à l'autre un certain degré d'indépendance. Le Tigre comme le Cheval ressent la nécessité d'avoir une certaine liberté et de pouvoir s'éloigner pour se consacrer à ses propres intérêts.

Ils soutiennent tous deux de fortes opinions et peuvent être têtus et obstinés ; malgré quelques désaccords, ils ont beaucoup de respect l'un pour l'autre et peuvent surmonter leurs différences.

Le Tigre et le Cheval sont des parents respectueux et consciencieux et, bien que sévères, ils feront en sorte que leurs enfants ne manquent de rien.

Une excellente union

Tigre et Chèvre

Relations générales

Le Tigre et la Chèvre s'entendent bien et peuvent devenir de solides amis. La Chèvre admire l'esprit d'entreprise, la vitalité et la confiance du Tigre et celui-ci apprécie les manières accommodantes et sociables de la Chèvre.

Le Tigre et la Chèvre peuvent aussi bien travailler ensemble, en particulier si leur activité est créatrice et permet à chacun de promouvoir des idées et de tirer le meilleur ses talents. Immanquablement, le Tigre prend en mains toute entreprise et devient une précieuse source d'inspiration pour la Chèvre. Ces deux signes toutefois doivent gérer prudemment les aspects financiers de leurs projets car tous deux ont tendance à faire des dépenses inconsidérées.

En Amour et dans le Mariage

Il y a une attraction considérable entre le Tigre et la Chèvre et, en amour comme dans le mariage, ils peuvent trouver le bonheur. Le Tigre est passionné, la Chèvre est amoureuse, et l'attirance physique est puissante entre eux deux.

La Chèvre prend plaisir à la nature entreprenante et pleine d'allant du Tigre, et elle estime son comportement sincère et honorable. Appréciant le caractère affable et sociable de la Chèvre, le Tigre trouve celle-ci affectueuse, aimante et très positive.

Les deux signes aiment la fréquentation d'autrui et rassemblent autour d'eux un grand cercle d'amis. Ils sont tous deux créateurs et imaginatifs. Toutefois, pour assurer leur amour, ils doivent monter quelque effort pour s'adapter. Le Tigre – qui a tendance à s'exprimer directement – peut vexer la Chèvre sensible. La Chèvre, quant à elle, doit permettre au Tigre de poursuivre ses propres intérêts. Et les deux signes risquent d'être trop prodigues.

Pourvu qu'ils soient disposés à s'adapter à l'autre, ils peuvent espérer avoir une vie commune agréable.

Une bonne union

Tigre et Singe

Relations générales

Le Tigre et le Singe sont deux signes pleins d'entrain, énergiques et ouverts. Bien qu'ils puissent bien s'entendre ensemble, chacun d'eux est tout de même un peu sur ses gardes. L'honorable Tigre se méfie de la nature parfois sournoise et rusée du Singe, tandis que le Singe oppose une résistance à l'attitude dominatrice du Tigre. Pour une amitié de hasard et pour le plaisir de se fréquenter, ces deux signes peuvent goûter la compagnie de l'autre, mais des problèmes pourraient survenir si leurs relations devaient s'approfondir.

Quand le Tigre et le Singe travaillent ensemble, la différence de leurs personnalités peut poser des problèmes. Bien qu'ils soient tous deux ambitieux et entreprenants, le Tigre ne peut supporter certaines notions tortueuses du Singe, et le Singe ne peut tolérer la position autoritaire du Tigre. À moins qu'un but particulier ne les unisse, ils poursuivront sans doute leur chemin chacun de son côté.

En Amour et dans le Mariage

Quand le Tigre et le Singe tombent amoureux l'un de l'autre, il y a tout d'abord de la passion, de l'excitation et beaucoup d'optimisme pour le futur. Toutefois il se pourrait que leurs espoirs tournent au vinaigre ; s'ils ne sont pas disposés à s'adapter, les projets à long terme risquent d'être difficilement réalisables.

Les deux signes sont forts, déterminés et aiment mener les choses à leur manière. Le Tigre est honnête et ouvert dans ses sentiments alors que le Singe peut parfois se montrer équivoque ; une telle attitude risque d'irriter grandement le Tigre. Le Singe, qui aime avoir l'œil sur tout, est inquiet du désir que manifeste le Tigre d'être libre de ses actes, et ce dernier est agacé par le caractère inquisiteur et parfois importun du Singe. Dans les moments de désaccord, chacun sait que tous deux s'entêtent. Ils peuvent avoir l'esprit de compétition et cette lutte pour le pouvoir, alliée à une méfiance concernant les intentions de l'autre, peuvent saper leur relation.

Une union difficile

Tigre et Coq

Relations générales

Le Tigre et le Coq ont plusieurs traits en commun ; tous deux aiment fréquenter les gens et ont une nature ouverte et pleine d'entrain. Mais leur caractère énergique peut les conduire à vouloir dominer l'autre. Ils peuvent aussi se montrer francs et directs et quand cette attitude va un peu trop loin, la situation peut dégénérer.

Dans les affaires, chaque signe peut profiter des apports de l'autre. Le comportement méthodique et logique du Coq aidera le Tigre et celui-ci apportera au Coq ses idées innovatrices et son esprit d'entreprise. Les forces de chacun peuvent ainsi trouver leur complément mais ils devront tout d'abord accorder leurs différences. Avec leur esprit compétitif, chacun veut mener la barque. Si les deux signes sont disposés à unir leurs forces dans un but commun, alors ils pourront constituer un partenariat efficace. Mais, le plus souvent, leurs natures conflictuelles se font jour et minent leurs efforts.

En Amour et dans le Mariage

Au début, il peut y avoir une forte attraction, à la fois physique et mentale, entre le Tigre et le Coq. Chacun admire la force et la confiance de l'autre, et tous deux aiment se faire des amis. Toutefois, les projets à long terme concernant leur propre relation peuvent s'avérer difficiles.

Le Coq est un grand organisateur et, aux yeux du Tigre moins discipliné, il peut parfois sembler tatillon et pédant. Si jamais le Tigre donne libre cours à ses sentiments, ils échangeront des mots, car le Coq ne prend pas les critiques à la légère.

D'autre part, la nature impulsive du Tigre perturbe l'esprit de routine du Coq. Celui-ci aime avoir l'œil sur tout ce qui l'entoure et ce n'est pas une chose que peut supporter le Tigre.

D'ordinaire, étant donné leur tempérament franc, déterminé et têtu, une union entre le Tigre et le Coq est loin d'être facile. Pour réussir, ils doivent accepter l'autre tel qu'il est, reconnaître ses différences et lui accorder assez de liberté afin que chacun puisse s'occuper de ses propres intérêts.

Une union difficile

Tigre et Chien

Relations générales

Le Tigre et le Chien s'entendent bien et peuvent devenir d'excellents amis. Il y a entre eux beaucoup de confiance et de compréhension et chacun profite des atouts de l'autre. Le Chien admire l'enthousiasme et le courage du Tigre mais il exerce une influence calmante sur sa nature agitée. Le Tigre quant à lui estime le caractère loyal et fiable du Chien et fait beaucoup pour dissiper ses tendances inquiètes et pessimistes.

Le Tigre et le Chien travaillent bien ensemble. Ils se font confiance, se respectent, et peuvent former un tandem promis au succès. Le Chien se sent inspiré et motivé par l'enthousiasme du Tigre tandis que le Tigre est soucieux de l'avis souvent trop soucieux mais sage du Chien. Le Tigre et le Chien font preuve de loyauté réciproque et, en mariant leurs savoir-faire et leurs qualités, ils peuvent jouir d'un succès considérable.

En Amour et dans le Mariage

Bien qu'il y ait des différences de personnalité entre le Tigre et le Chien, ils se complètent extrêmement bien.

Tous deux sont loyaux, confiants et honorables et chacun estime ces qualités chez l'autre. Il existe entre eux une excellente relation et beaucoup de compréhension. Le Chien pessimiste peut être rassuré et conforté par la confiance du Tigre. Le Chien admire également le courage, le pouvoir de décision et l'altruisme du Tigre. Ce dernier l'inspire et lui-même est loyal, secourable et aimant.

Chacun fait beaucoup pour aimer l'autre et, en couple, ils deviennent rapidement dévoués. Ils ont tous deux une attitude bienveillante et humanitaire et peuvent s'unir pour aider ceux qui sont dans le besoin.

S'ils fondent une famille, ils font d'admirables parents et, avec l'esprit aventureux du Tigre et la nature aimante du Chien, ils font le délice des enfants.

Une excellente union

Tigre et Sanglier

Relations générales

Pleins d'entrain, sociables et partageant de nombreux intérêts, le Tigre et le Sanglier s'entendent bien. Le Tigre apprécie le côté bon-enfant du Sanglier ainsi que sa sincérité et son intégrité, de même que le Sanglier apprécie le comportement honnête et ouvert du Tigre tout autant que sa nature énergique et entreprenante. Ces deux signes se comprennent bien et peuvent devenir d'excellents amis.

Le Tigre et le Sanglier sont mieux assortis au niveau social qu'au niveau des affaires, mais quand ils travaillent ensemble, ils peuvent toutefois bénéficier mutuellement de leurs dons. Tous deux sont ambitieux et travaillent beaucoup mais la nature impulsive, impatiente et généreuse du Tigre peut inquiéter le Sanglier, plus patient et financièrement avisé. Malgré cela, s'ils se fixent un objectif, leurs talents combinés pourront les mener au succès.

En Amour et dans le Mariage

Le Tigre et le Sanglier sont souvent attirés l'un par l'autre et forment un couple formidable. Ce sont des signes sensuels et passionnés ayant une puissante attraction physique.

Ils peuvent partager bien des centres d'intérêts. Ils ont des amis, aiment s'amuser et déploient beaucoup d'énergie pour leur foyer et leur famille. Le Sanglier, qui comprend très bien le Tigre, ne rechigne pas à accorder au Tigre la liberté dont il a besoin.

La patience du Sanglier a une influence stabilisatrice sur l'agitation du Tigre et met un frein nécessaire à son caractère impulsif. Le Tigre bénéficie des conseils avisés et des avis financiers du Sanglier. Le Tigre est également très utile au Sanglier. Celui-ci se sent inspiré et motivé par l'enthousiasme du Tigre car il l'encourage à réaliser ses vraies possibilités. Et comme le Sanglier, avec sa foi profonde en la nature humaine, peut parfois être naïf et vulnérable, le Tigre lui apporte aide et protection.

Un couple formidable

Le Lièvre

Qualités spécifiques :

Sociable, discret, raffiné, astucieux, perspicace, sensible, distant.

En amour :

Romantique, passionné et psychologue.

Le quatrième signe chinois, gouverné par la vertu et la prudence, a un comportement raffiné et sociable. Il a une préférence pour les choses calmes de la vie et entreprend ses activités sans s'agiter. Il prend goût à la conversation et dispense souvent des avis sages et perspicaces.

Le Lièvre a d'habitude un naturel heureux et satisfait. Il n'aime pas les controverses et fera tout pour éviter les discordes. Il aime goûter les plaisirs de la vie et repousse parfois ses aspects les plus durs.

La femme Lièvre montre beaucoup de dignité et d'élégance. Elle parle d'une voix douce et sa nature est affectueuse. Elle s'entoure souvent d'un cercle d'intimes et on l'admire beaucoup pour sa discrétion et sa compréhension.

L'homme Lièvre est aussi populaire. Ayant souvent belle allure, il a un charme considérable et ses manières agréables enchanteront ses nombreux amis.

Romantique et passionné, le Lièvre peut avoir de nombreuses aventures avant de s'établir. Très psychologue, il sait en général très bien choisir son partenaire. Bien qu'ils aient tendance à avoir une nombreuse famille, ils ont parfois du mal à assumer les responsabilités parentales. Certains Lièvres trouvent que les enfants ont une influence qui dérange leur mode de vie ordonné et ont du mal à supporter leurs pitreries.

LIÈVRES CÉLÈBRES

Ingrid Bergman, Cary Grant, George Michael, Roger Moore, Frank Sinatra, le Reine Victoria.

Lièvre et Lièvre

Relations générales

Le Lièvre est l'un des signes les plus sociables du zodiaque chinois et deux Lièvres peuvent très bien s'entendre ensemble. Ils ont des intérêts similaires, en particulier le goût pour la conversation, et ils apprécient les bonnes choses de la vie. Il y a entre eux confiance et compréhension, ainsi qu'une remarquable absence de discorde. Ils se plaisent en compagnie l'un de l'autre et peuvent devenir de bons amis.

Les Lièvres sont des travailleurs soigneux et habiles quand ils travaillent ensemble, en tant que collègues ou associés. Tous deux ont une bonne appréciation des choses, un savoir-faire dans la finance, un flair commercial, et il y a entre eux un bon niveau de confiance et de compréhension. Aucun ne se permet de prendre des risques et, grâce à leur sens de l'organisation et leur détermination, ils peuvent réussir. Leur entreprise ne sera peut-être pas la plus dynamique, mais elle sera assurément basée sur de solides principes.

En Amour et dans le Mariage

De par leur nature romantique et passionnée, les Lièvres sont souvent attirés l'un par l'autre. Ils partagent les mêmes intérêts, les mêmes perspectives et ont entre eux beaucoup d'affinités. Tous deux s'efforcent d'établir une relation stable, sécurisante et harmonieuse et font tout pour éviter les disputes.

Les deux Lièvres prennent plaisir à la conversation, aiment les arts et la campagne, et ont beaucoup d'amis. Ils consacrent aussi beaucoup de temps et d'énergie à créer et entretenir leur foyer. Les Lièvres accordent beaucoup d'importance à leur maison et résident en général très longtemps au même endroit.

Un couple Lièvre fait beaucoup pour s'entraider. Tous deux sont des travailleurs consciencieux et appliqués, ont de bonnes aptitudes financières et aiment beaucoup se divertir.

Un couple aimant

Lièvre et Dragon

Relations générales

Le Lièvre et le Dragon peuvent assez bien s'entendre et, bien que leurs intérêts puissent ne pas coïncider, il y a entre eux de l'amitié et du respect. Le Lièvre apprécie l'ouverture, la sincérité et l'intégrité du Dragon, et le Dragon estime la finesse, la tranquillité et la discrétion du Lièvre. Bien que le Dragon puisse jouir d'un mode de vie plus énergique que le Lièvre, ces deux signes peuvent devenir des amis et des confidents.

Le Lièvre et le Dragon peuvent bien travailler ensemble et leurs talents communs peuvent servir une collaboration promise au succès. L'enthousiasme et le dynamisme du Tigre seront profitables au prudent Lièvre, tandis que la diplomatie, le flair commercial et la nature méthodique du Lièvre aideront le Dragon. Pourvu que chacun soit conscient de son propre rôle et se tienne à un objectif spécifique, ils peuvent former un bon tandem productif.

En Amour et dans le Mariage

Ces deux signes étant passionnés et séduisants, le Lièvre et le Dragon sont forcément attirés l'un par l'autre et les premiers temps de leur histoire d'amour sont remplis de bonheur. Toutefois, s'ils tiennent à prolonger le profond amour qu'ils ressentent l'un pour l'autre, tous deux doivent accorder leurs personnalités.

Le Dragon, beaucoup plus expansif que le Lièvre, aime mener une vie active, tandis que le Lièvre est plus retenu et préfère une vie calme. Si les deux signes reconnaissent qu'ils ont des intérêts différents et accordent à l'autre sa propre liberté, ils peuvent bien s'entendre.

Ils peuvent également profiter de leurs qualités différentes. Le Dragon, qui peut être brusque et direct, a beaucoup à apprendre du Lièvre aimable et plein de tact, tandis que le Lièvre tire avantage de la nature confiante et ouverte du Tigre. De plus, tous deux sont des travailleurs astucieux et assidus, et ils ont ensemble une véritable aptitude à gagner de l'argent.

Une bonne union

Lièvre et Serpent

Relations générales

Le Lièvre et le Serpent ont beaucoup de points communs et peuvent bien s'entendre. Ce sont des signes tranquilles et réfléchis ; ils sont faciles à vivre et prennent plaisir aux bonnes choses de la vie. Ils partagent beaucoup d'intérêts et, avec leur goût pour la conversation, peuvent passer des heures à discuter de bien des choses. Ils se respectent, se comprennent, et peuvent devenir d'excellents amis. Les relations entre eux sont toujours bonnes.

Le Lièvre et le Serpent ont également la possibilité d'entretenir une bonne relation de travail. Tous deux sont habiles dans le domaine financier et font preuve d'un considérable flair commercial. Ils partagent des idées et des aptitudes mais ont tendance à être prudents et mesurés. Toutefois, quand ils s'engagent à fond, ils forment un formidable tandem promis au succès.

En Amour et dans le Mariage

Le Lièvre et le Serpent sont souvent profondément attirés l'un par l'autre ; ils peuvent trouver beaucoup de bonheur en amour et dans le mariage. Ce sont des signes aimables et réfléchis qui s'épanouissent dans un environnement ordonné, stable et sécurisant.

Tous deux ont un goût marqué pour les arts et la littérature, ils apprécient les bonnes choses de la vie. Ils prennent beaucoup de plaisir à décorer leur foyer afin de le rendre particulièrement agréable. Ce sont des personnes qui aiment le confort et prennent plaisir à passer plus d'un soir à se prélasser dans leur tanière parfaitement aménagée pour la relaxation.

Le Lièvre et le Serpent sont perspicaces et intuitifs (ayant même des dons psychologiques) et font beaucoup pour aider les autres et les assister. La seule difficulté pouvant se présenter est due à la nature possessive du Serpent – il exige une grande loyauté. Il est possible que le Lièvre désire se consacrer à des intérêts qui lui sont propres et, pour le bien des deux, le Serpent doit l'accepter.

Une union heureuse

Lièvre et Cheval

Relations générales

Le Lièvre et le Cheval ont des tempéraments très différents et cela ne favorise pas de bonnes relations. Le Cheval a une nature active et exubérante, il aime vivre intensément. Le Lièvre, quant à lui, est plus calme et placide ; il se sent mal à l'aise avec le Cheval énergique, pétulant et sûr de lui. Il faut reconnaître que tous deux ont des discours éloquents et persuasifs et qu'ils peuvent prendre plaisir à converser, mais il y a en général une certaine froideur et de la réserve, et il est rare qu'ils deviennent de vrais amis.

Ce manque de communication devient également évident quand ils travaillent ensemble. Le Cheval est entreprenant tandis que le Lièvre est prudent. Le Lièvre trouve le Cheval téméraire et impulsif, et celui-ci estime que le Lièvre a trop de retenue. Ils ont des dissensions au point de vue financier ; le Cheval est dépensier et prend beaucoup de risques. À moins qu'ils ne se fixent un but commun, ils ne travaillent pas bien ensemble.

En Amour et dans le Mariage

Bien que les relations entre le Lièvre et le Cheval puissent n'être pas toujours au beau fixe, ces deux signes peuvent très bien tomber amoureux l'un de l'autre. Étant donné leurs différences, ils possèdent chacun des qualités que l'autre admire. Ils ont tous deux un sens aigu de l'intégrité, ils sont discrets et confiants, ils ont un goût prononcé pour la conversation et le dialogue. Il y a également une forte attirance physique.

Toutefois, alors que les premiers temps de leur idylle soient prometteurs, l'amour et l'affection qu'ils se portent seront sans doute difficiles à maintenir. Le Lièvre, qui recherche une existence sécurisante, tranquille et ordonnée, peut se sentir perturbé par la nature agitée et versatile du Cheval. Celui-ci de plus a des accès de colère qui, bien que de courte durée, déconcertent le Lièvre. Et le Cheval peut s'irriter du fait que le Lièvre n'est pas disposé à partager comme il le voudrait ses nombreuses activités. Le Lièvre apprécie beaucoup plus son foyer que le Cheval. Pour finir, leurs divergences concernant l'argent peuvent poser des problèmes.

Une union agitée

Lièvre et Chèvre

Relations générales

Le Lièvre et la Chèvre s'entendent très bien et peuvent devenir de bons amis. Ils partagent beaucoup d'intérêts et apprécient les bonnes choses de la vie. Ils entretiennent de bons rapports et comme ils ont tous deux une nature calme et placide, ils se sentent sécurisés et apaisés dans la compagnie l'un de l'autre.

La confiance existant entre le Lièvre et la Chèvre les aide également quand ils travaillent ensemble. Pour bien faire, la Chèvre a besoin d'une force qui la motive, et le Lièvre la lui procure. Calme, méthodique et financièrement avisé, le Lièvre est une source d'inspiration pour la Chèvre et, en retour, celle-ci fait de son mieux, apporte son soutien, sa créativité et son sens de l'innovation.

En Amour et dans le Mariage

L'attraction est forte entre le Lièvre et la Chèvre ; en amour et dans le mariage ils peuvent connaître le bonheur. Ils sont bien assortis et leurs intérêts communs comme leurs points de vue similaires leur procurent une bonne entente. Ce sont des signes affables et paisibles qui mettent tout en œuvre pour que leur existence soit tranquille et stable. Ils apprécient les bonnes choses de la vie et travaillent pour accéder à un haut niveau de vie.

Il y a une bonne compréhension et des rapports harmonieux entre le Lièvre et la Chèvre et ils se portent mutuellement beaucoup d'amour, d'affection et de loyauté. Le principal danger qui guette leur relation est la venue d'une calamité. Ni l'un ni l'autre ne sait gérer le stress et toute crise peut facilement ébranler l'existence harmonieuse qu'ils avaient aménagée. Toutefois, dans la mesure du possible, ces deux signes font de leur mieux pour éviter tout ce qui pourrait mettre en danger leur existence confortable et, le plus souvent, ils vivent en savourant les fruits de leur travail, en s'aimant et en s'aidant l'un l'autre.

Une excellente union

Lièvre et Singe

Relations générales

Malgré toutes leurs différences, le Lièvre et le Singe s'entendent bien et peuvent devenir de bons amis. Le Singe a tôt fait d'apprécier le bon sens, la calme confiance et la nature sociable du Lièvre, et celui-ci aime l'entrain, la vivacité et l'ingéniosité du Singe. Tous deux s'intéressent à bien des choses, ont l'esprit enthousiaste et aiment converser. Ils peuvent passer beaucoup de moments agréables en compagnie l'un de l'autre.

Quand le Lièvre et le Singe travaillent ensemble, il est possible que leurs relations ne soient pas aussi bonnes. Le Lièvre, honnête et scrupuleux dans les affaires, est très affecté par les stratagèmes parfois douteux et rusés du Singe. De même qu'il n'est pas enclin à partager les risques que veut prendre le Singe entreprenant, et le Singe peut estimer que le Lièvre a une influence contraignante et inhibitrice.

En Amour et dans le Mariage

Bien que le Lièvre et le Singe puissent avoir des personnalités très différentes, ces deux signes se complètent très bien. En amour et dans le mariage, ils peuvent former un couple loyal, heureux et satisfait.

Le Singe est le plus expansif des deux et le Lièvre aime la nature astucieuse et assurée du Singe. Il est vrai que le Lièvre peut ne pas apprécier cette incertitude et cette imprévisibilité qui vont de pair avec la fougue du Singe ou, bien sûr, certaines de ses ruses, mais le Lièvre estime et apprécie ses dons. De même, le Singe considère que le Lièvre est un partenaire sage, aimant et loyal. Le Lièvre apporte la stabilité et l'ordre, ce qui plaît au Singe.

La seule chose qui pourrait perturber leur relation est la difficulté qu'éprouve le Lièvre à supporter l'agitation du Singe. Toutefois, ces deux signes se conviennent et chacun d'eux fait beaucoup pour venir à bout des difficultés.

Une bonne union

Lièvre et Coq

Relations générales

Les relations entre ces deux signes sont pauvres. Leurs personnalités différentes ne s'accordent pas et aucun des deux ne se sent à l'aise avec l'autre. Le Coq est beaucoup trop direct et franc au goût du Lièvre – celui-ci peut être susceptible et a horreur de la critique – tandis que le Coq trouve le Lièvre réservé et fermé.

Quand le Lièvre et le Coq travaillent en tant que collègues ou partenaires en affaires, les relations peuvent également s'avérer difficiles. Bien que tous deux soient méthodiques, travaillent beaucoup et soient honnêtes dans leurs transactions, leurs différences de caractère les mettent en conflit. Le Lièvre ne peut tolérer l'attitude directive, pointilleuse et dominatrice du Coq, et celui-ci fait peu de cas des façons de faire calmes, patientes et plus prudentes du Lièvre. Le Coq aime le tourbillon d'activité et l'agitation, ce qui n'est pas dans les manières du Lièvre.

En Amour et dans le Mariage

Cette union est un challenge entre le Lièvre introverti et le Coq extraverti. Bien que chacun reconnaisse les qualités de l'autre, leurs différences de caractère peuvent leur causer maintes difficultés.

Le Lièvre est calme, raffiné et plein de tact alors que le Coq peut se montrer impertinent, extravagant et direct. Plus d'une fois le Lièvre est agacé et se sent mal à l'aise en entendant le Coq s'exprimer. Si la relation entre le Lièvre et le Coq a quelque chance de durer, le Coq doit se montrer plus diplomate et plus à l'écoute des sentiments du Lièvre.

De plus, le Lièvre recherche une existence calme et paisible tandis que le Coq aime avoir un mode de vie plus actif et énergique. Étant donné la différence de leurs personnalités, il faut que ce couple soit exceptionnel pour que la relation dure.

Une union difficile

Lièvre et Chien

Relations générales

Les Lièvres et les Chiens s'aiment bien et leurs relations sont bonnes. Ce sont des signes loyaux et aimants qui partagent souvent des centres d'intérêts et des points de vue similaires. Il y a entre eux beaucoup de respect et de compréhension et ils s'entendent bien.

Sur le plan des affaires, ils sont tous deux assidus et travaillent beaucoup. Quand les choses vont bien, le Lièvre et le Chien forment un tandem efficace – c'est seulement quand ils font face aux problèmes ou qu'ils ont une baisse d'activité que les difficultés se présentent. Le Chien est enclin à l'anxiété et le Lièvre affronte mal le stress ; les situations difficiles peuvent provoquer des tensions dans une relation de travail qui par ailleurs peut être excellente.

En Amour et dans le Mariage

Le Lièvre et le Chien ont beaucoup de choses en commun et sont souvent très attirés l'un par l'autre. Tous deux recherchent une existence stable et sûre et il y a entre eux un grand climat de confiance. En amour comme dans le mariage, le Lièvre et le Chien sont bien assortis.

Tous deux accordent beaucoup d'importance à leur foyer et, grâce au goût artistique raffiné du Lièvre et aux talents pratiques du Chien, leur foyer fait leur fierté. Ces deux signes prennent également beaucoup de plaisir à recevoir leurs amis.

Chacun apprécie aussi les qualités de l'autre. Le Lièvre est enchanté par la loyauté, le sérieux et la sincérité du Chien tandis que le Chien estime le comportement raffiné et sociable du Lièvre. Ils font également beaucoup pour s'entraider. Tous deux ont tendance à douter d'eux-mêmes. Le Chien est facilement anxieux et le Lièvre affronte mal le stress. Chacun est un soutien pour l'autre en apportant une aide efficace.

Un excellent couple

Lièvre et Sanglier

Relations générales

Les Lièvres et les Sangliers sont des signes sociables qui peuvent bien s'entendre. Ils partagent souvent des intérêts similaires et leurs relations sont bonnes. Ils se respectent et s'entendent à merveille et, si le Sanglier peut n'être pas toujours aussi raffiné que pourrait le désirer le Lièvre, les relations entre ces deux signes sont toujours satisfaisantes.

De l'avis des Chinois, les Sangliers ont de la chance en affaires et dans les questions d'argent et cela, allié à l'habileté du Lièvre, facilite grandement les relations de travail entre ces deux signes. Tous deux travaillent beaucoup et leur persévérance comme leur détermination les aident en toute entreprise. Chacun tire profit de l'autre. Le Lièvre se sent rassuré d'avoir un partenaire aussi fiable et résistant, et le Sanglier estime les capacités d'organisation et les avis judicieux du Lièvre.

En Amour et dans le Mariage

Les Lièvres et les Sangliers ont un très haut niveau d'entente ; en amour comme dans le mariage ils peuvent trouver le bonheur. Ils partagent beaucoup d'intérêts – en particulier l'amour de la nature et de la vie à la campagne – et prennent plaisir à une vie sociale active. Ce sont des signes paisibles qui font tout pour éviter les controverses et les disputes.

Ils sont tous deux sensuels et passionnés ; il y a entre eux une forte attirance physique.

Le Lièvre, comme le Sanglier, respecte les sentiments de l'autre. Le Sanglier a beaucoup plus de ressort que le Lièvre et il ne ménage pas ses efforts pour se charger des fardeaux qui peuvent accabler le Lièvre. De son côté, le Lièvre agit en conseiller fiable et donne des avis dont le Sanglier, souvent crédule et naïf, tire de grands avantages.

Une union idéale

Le Dragon

Qualités spécifiques :

Actif, déterminé, confiant, entreprenant, sachant s'adapter, scrupuleux et chanceux

En amour :

Passionné, fidèle et sincère mais exigeant !

Flamboyant, vif et vibrant, le dragon est le magnifique chef de file du carnaval. Gouverné par la chance, ce signe a une nature ouverte et pleine d'entrain, un esprit agile et possède beaucoup d'énergie et d'enthousiasme. C'est une personne efficace qui obtient ce qu'elle veut avec beaucoup de détermination. Grâce à son comportement confiant et plein d'assurance, il possède toutes les qualités d'un chef. Le Dragon relève les défis et se fixe constamment de nouveaux buts.

Exubérant et sûr de lui, le Dragon a tendance à être au premier plan de ce qu'il entreprend. Il est dans une certaine mesure un homme de scène et il aime être remarqué et gagner l'approbation d'autrui. De même, dans les affaires de cœur, il ne manquera jamais d'admirateurs. Il a du style, de la grâce, de l'allure et, de par sa nature ouverte et sociable, il étonne son entourage.

S'il a des enfants, le Dragon peut être un parent autoritaire mais aimant. Il saura vite déceler les talents de ses enfants et fera tout pour les encourager et les aider. Toutefois, il nourrit pour eux de grands espoirs et leur fixe des buts élevés. Il entend également être obéi et malheur à celui de ses enfants qui fait fi de son autorité.

La femme Dragon s'adapte facilement et a beaucoup de dons. Elle est populaire, a de nombreux amis et fait preuve d'un aplomb considérable. L'homme Dragon est sûr de lui et est prompt à déployer son talent.

DRAGONS CÉLÈBRES

Jeffrey Archer, Julie Christie, Salvador Dali, Matt Dillon, John Lennon, Abraham Lincoln, Al Pacino.

Dragon et Dragon

Relations générales

Les Dragons ont un signe ouvert et sociable et ils peuvent bien s'entendre tout un temps. Ils apprécient mutuellement leur compagnie et ont des échanges de vues très étendus. Toutefois, les Dragons peuvent être dominateurs et directs et, à la longue, leurs intérêts peuvent se heurter. Les premiers temps, les relations entre deux Dragons sont bonnes, ce n'est qu'ensuite que les difficultés surgissent.

Les Dragons sont des travailleurs entreprenants et assidus et quand deux Dragons travaillent ensemble, ils peuvent constituer un formidable tandem. Ils se fixent des buts élevés et sont enthousiastes, déterminés et ambitieux. Quand ils se sont fixé un objectif, leurs capacités mises en commun – en plus de leur chance – les aident à obtenir le succès. Toutefois, étant donné leur caractère assuré et dominateur, ils feront bien de s'entendre sur une répartition des responsabilités. Sinon, ils peuvent entrer en rivalité pour contrôler l'affaire et saper ainsi un partenariat efficace.

En Amour et dans le Mariage

Les Dragons sont souvent attirés l'un par l'autre. Quand en amour ils peuvent être passionnément heureux, ils prennent beaucoup de plaisir et parleront de leurs projets, de leurs espoirs et des opportunités qui les attendent. Leur amour, comme leur dévouement mutuel, est total.

Toutefois il leur faut agir avec prudence s'ils veulent maintenir un état de choses aussi heureux et harmonieux. Tous deux peuvent être obstinés et directs et, de par leur nature puissante et dominatrice, chacun s'efforce d'avoir raison. Il est dans leur intérêt d'avoir une répartition claire de leurs responsabilités et de ne pas trop se mêler des obligations de l'autre.

S'ils peuvent concilier leurs natures dominatrices et volontaristes, deux Dragons peuvent former un couple dynamique, ouvert et percutant et leur vie commune sera riche et satisfaisante.

Une union idéale

Dragon et Serpent

Relations générales

Les relations entre le Dragon et le Serpent sont excellentes. Ils se comprennent et se font confiance et il y a entre eux un grand respect. Le Dragon estime la sagesse et l'intuition du Serpent ; de son côté, le Serpent est ébloui par la charme, l'entrain et le dynamisme du Dragon. Tous deux s'aiment et s'admirent sincèrement et peuvent avoir une longue amitié.

Une relation d'affaires peut également les réunir avec succès, chaque signe bénéficiant des capacités et des habiletés de l'autre. Le Serpent est perspicace, calculateur et planifie ses activités avec beaucoup de soin ; il est un frein utile aux entreprises impulsives et téméraires du Dragon. Par ailleurs, la vigueur et l'enthousiasme avec lesquels le Dragon dirige ses activités stimulent le Serpent. En affaires, ils peuvent connaître un beau succès.

En Amour et dans le Mariage

Le Dragon et le Serpent forment un excellent couple et ils peuvent trouver beaucoup de bonheur en amour comme dans le mariage.

Il y a une puissante attraction, à la fois physique et mentale, entre ces deux signes. Le charme calme, distingué et séducteur du Serpent agit de façon irrésistible sur le Dragon tandis que le Serpent est attiré par la chaleur, la vitalité et la sincérité du Dragon. Chacun bénéficiera des qualités de l'autre et il y aura entre eux beaucoup de confiance et de compréhension.

Le seul problème qui puisse se présenter dans cette relation vient de la possessivité du Serpent. Si le Dragon doit éveiller la jalousie du Serpent ou trouve celui-ci trop possessif, des difficultés sont à craindre. Mais en général un tel problème est rare.

Une union idéale

Dragon et Cheval

Relations générales

Il y a entre ces deux signes de la sympathie et du respect, et pendant tout un temps les relations sont bonnes. Tous deux ont un caractère vif et aventureux, ils se font confiance et se comprennent. Pendant assez longtemps ils peuvent être des amis presque inséparables, mais chaque signe a tendance à être indépendant et, à moins d'un engagement sentimental, ils peuvent à la longue décider d'aller chacun de son côté.

Ce sont des travailleurs acharnés et assidus et, quand ils se fixent un but commun, leur enthousiasme les conduit à un succès considérable. Ils profitent aussi des capacités de l'autre. Le Dragon fait preuve de plus d'imagination et de prévoyance que le Cheval alors que celui-ci est plus pratique et réaliste. En combinant leurs talents, ils obtiennent beaucoup de puissance. Toutefois, comme ils sont ambitieux et volontaires, et que chacun veut faire ses preuves, les nouveaux défis qui se présentent peuvent les séparer.

En Amour et dans le Mariage

Il existe une attraction considérable entre le Dragon et le Cheval. Ce sont des signes pleins d'ouverture et d'entrain. Tous deux sont attirants et, de par leur belle prestance et leur personnalité engageante, chacun est porté vers l'autre. Comme ce sont des signes passionnés et amoureux, les premiers temps de leur amour leur apportent le bonheur.

Du fait qu'ils ont tendance à être dominateurs, ils peuvent se disputer s'ils ne peuvent convenir d'une claire répartition des responsabilités dans leur vie de famille. Il se peut qu'ils soient très directs en exprimant leurs points de vue et, avec l'humeur du Cheval et la franchise du Dragon, la situation peut s'échauffer. Le Cheval peut être égocentrique et le Dragon exigeant, aussi il arrive parfois que leurs personnalités et leurs points de vue se heurtent. Tout cela peut saper leur relation mais, avec de la bonne volonté et de la compréhension, ils devraient pouvoir réconcilier les divergences qui peuvent se présenter.

Une bonne union

Dragon et Chèvre

Relations générales

Le Dragon et la Chèvre s'entendent assez bien. La Chèvre apprécie l'entrain et la confiance du Dragon tandis que celui-ci admire la nature sociable et créative de la Chèvre. Toutefois, avec le temps, la Dragon peut commencer à perdre patience devant les manières capricieuses et inconstantes de la Chèvre et celle-ci, toujours prompte à se faire de nouveaux amis, peut délaisser le Dragon pour une autre compagnie ; il est rare que cette amitié dure longtemps.

Pour un temps, il se peut que le Dragon et la Chèvre travaillent bien ensemble. Le Dragon, beaucoup plus assuré que la Chèvre, prend la direction de toute entreprise et motive considérablement la Chèvre. Quand ils s'unissent pour poursuivre un objectif commun, ils peuvent obtenir le succès mais, étant donné l'agitation du Dragon et les caprices de la Chèvre, leur collaboration ne saurait durer longtemps.

En Amour et dans le Mariage

L'attraction entre le Dragon et la Chèvre peut être grande et ces deux signes peuvent facilement tomber amoureux l'un de l'autre. Ils sont très sociables et pleins d'entrain. Il y a également une forte attraction physique et leur vie sexuelle est très satisfaisante.

Le Dragon se sent encouragé par le dévouement et la confiance de la Chèvre, et celle-ci est confortée et rassurée par le Dragon. Une histoire d'amour entre eux ne s'oublie pas. Malheureusement, cette félicité ne peut survivre au mariage.

La Chèvre peut être instable et capricieuse, et le Dragon se lasse rapidement de son inconstance et de ses changements d'humeur. Quant à elle, la Chèvre se sent mal à l'aise avec la nature agitée et indépendante du Dragon. Pour que le mariage réussisse, il faudra beaucoup de compréhension de part et d'autre et cela peut s'avérer difficile.

Une union difficile

Dragon et Singe

Relations générales

Le Dragon et le Singe sont des signes ouverts et sociables, ils peuvent bien s'entendre. Chacun apprécie la compagnie de l'autre et, grâce à leurs intérêts communs et leur nature énergique, ils peuvent devenir des amis pour longtemps. Il y a entre eux de la confiance et de la compréhension et s'il arrive à l'un d'eux un revers de fortune – étant donné leur goût commun du risque – l'autre vient lui apporter aide et conseils.

Cette relation les aide également quand ils travaillent ensemble. Ils sont tous deux ingénieux et entreprennent leurs activités avec enthousiasme. Le Singe est prompt à saisir les opportunités et le Dragon ne répugne certes pas à prendre des risques. Il est vrai que leur nature impétueuse leur pose des problèmes, mais le Singe a l'art de sortir lui-même et les autres des difficultés ; leurs dons, leur esprit d'initiative et leur habileté les feront triompher.

En Amour et dans le Mariage

Le Dragon et le Singe sont admirablement assortis et, en amour comme dans le mariage, ils peuvent établir une relation tendre, affectueuse et aimante. Ouverts et pleins d'entrain, ils ont de l'énergie et de l'enthousiasme.

Le Dragon admire le Singe pour son astuce, sa ruse et son talent. Quant à lui, le Singe apprécie le comportement hardi et confiant du Dragon. Celui-ci est sincère et fiable et, comme le Singe, il est prêt à prendre fait et cause pour ce qu'il croit et obtenir ce qu'il veut. Tous deux sont orientés vers l'action et, en couple, ils forment un tandem, chacun aidant l'autre dans ses multiples activités.

Le Dragon comme le Singe peuvent être extravagants et, pour certains, leur couple peut paraître excentrique et non conventionnel, mais ils n'en ont cure tant leurs sentiments réciproques sont forts.

Une bonne union

Dragon et Coq

Relations générales

Le Dragon et le Coq ont beaucoup de choses en commun. Ce sont des signes vifs et fougueux avec un esprit bien à eux. Ils aiment se faire des amis, partagent beaucoup d'intérêts et se réjouissent d'être ensemble. Tous deux aiment vivre à temps plein et sont ouverts et entreprenants. Les relations entre eux sont toujours bonnes.

Le Dragon et le Coq peuvent également travailler ensemble de façon satisfaisante. Le Coq profite des vues et de l'enthousiasme du Dragon, et celui-ci bénéficie des talents d'organisation du Coq, lequel met un frein aux imprudences du Dragon. Ce sont tous deux des travailleurs habiles et courageux.

En Amour et dans le Mariage

Le Dragon et le Coq s'entendent bien et, en amour comme dans le mariage, ils peuvent connaître le bonheur.

Le Coq, plus conservateur, stabilise le Dragon et apporte de l'ordre et de l'organisation au mode de vie trépidant du Dragon. Quant à lui, le Dragon aide le Coq à sortir de sa réserve. Ils permettent également à l'autre de consacrer du temps à ses propres intérêts, ce qui pour eux est essentiel.

Dans leur relation, le principal problème réside dans le fait qu'ils sont réputés pour exprimer leur point de vue sans aucun ménagement. Le Coq est connu pour sa franchise et le Dragon n'est certainement pas diplomate, ce qui leur vaut des discussions assez orageuses.

Avec bien des signes du zodiaque chinois, le Dragon éclipse et domine son partenaire, ce qui n'est pas le cas avec le Coq. Chacun joue à part égale et ils surmontent ensemble les difficultés en s'aidant mutuellement.

Une bonne union

Dragon et Chien

Relations générales

Il y a peu d'accord entre le Dragon et le Chien, les relations entre ces deux signes sont assez pauvres. Leurs perspectives et leurs personnalités sont souvent très différentes et aucun des deux n'a beaucoup de temps pour l'autre. Le Chien considère que le Dragon est impétueux et dogmatique tandis que le Dragon perd patience devant le sérieux et le côté parfois moralisateur du Chien. Il est rare qu'ils deviennent amis.

Leur manque de rapports est une entrave à leurs relations professionnelles. Il leur est difficile de croire en l'autre et il peut y avoir une lutte pour la suprématie. Le Chien critique les notions audacieuses et parfois risquées du Dragon, et celui-ci trouve que l'approche précautionneuse du Chien a une influence trop restrictive.

En Amour et dans le Mariage

La tradition augure mal des relations entre le Dragon et le Chien et, en amour comme dans le mariage, il peut y avoir des difficultés.

Le problème essentiel réside dans les différences de leurs personnalités. Le Dragon est ouvert et plein d'entrain tandis que le Chien est une personne franche, terre-à-terre et rationnelle. L'ostentation du Dragon ne convient pas au Chien et il est difficile à celui-ci de se fier à un caractère aussi impulsif et impétueux. Le Dragon, quant à lui, a du mal à comprendre la personnalité du Chien.

Les deux signes ont tendance à avoir des intérêts différents. Le Chien se dévoue souvent à des causes humanitaires et préfère de beaucoup les repas tranquilles entre amis à des réceptions grandioses. Le Dragon, d'autre part, aime être au centre des choses et se plaît à mener une vie sociale active.

Une union difficile

Dragon et Sanglier

Relations générales

Le Dragon et le Sanglier se plaisent en la compagnie l'un de l'autre et les relations entre eux sont bonnes. Ce sont des signes sociables et pleins d'entrain et ils aiment profiter de la vie. Ils aiment mener une vie sociale active et respectent chacun les points de vue de l'autre.

Le Dragon et le Sanglier travaillent bien ensemble et peuvent avoir une relation de travail promise au succès. Le Dragon est né sous le signe de la chance et le Sanglier est en général doué pour les questions financières ; ensemble ils peuvent bien faire. Ils se font mutuellement confiance et tous deux attachent beaucoup d'importance à l'honnêteté et à la franchise dans leurs transactions. Le Sanglier tire profit de l'esprit d'entreprise et de l'enthousiasme du Dragon et celui-ci bénéficie du comportement plus tenace et patient du Sanglier. Tous deux travaillent beaucoup et mettent de l'ardeur à faire de leur mieux.

En Amour et dans le Mariage

Il y a une attraction considérable entre ces deux signes et, en amour comme dans le mariage, le Dragon et le Sanglier peuvent vivre une relation proche et aimante.

Le Dragon est très épris de la convivialité joyeuse du Sanglier et admire sa nature fiable et honorable. Le Sanglier est un partenaire particulièrement attentif et bienveillant, ce que le Dragon apprécie de bon cœur. Le Sanglier gagne beaucoup à avoir un partenaire Dragon, car celui-ci le protège de sa crédulité.

Tous deux sont des signes travailleurs et il y a entre eux un considérable échange de talents. Bien des couples Dragon-Sanglier sont à l'abri du besoin et peuvent consacrer beaucoup d'énergie à créer et entretenir leur foyer.

Un couple bien assorti

Le Serpent

Qualités spécifiques :

Réfléchi, avisé, perspicace, intuitif, réservé, indépendant, parfois paresseux.

En amour :

Passionné, séducteur et possessif !

Le Serpent est gouverné par la sagesse et possède un esprit aigu et pénétrant. D'un tempérament calme et réservé, il choisit ses amis avec soin et se confie peu. Il peut être secret et dans bien des domaines il préfère être son propre maître. Certains peuvent le trouver froid, évasif, mais s'ils franchissent sa réserve, ils découvrent un caractère aimable et chaleureux.

Le Serpent est surtout porté aux activités cérébrales et il réussit souvent dans des carrières telles que l'enseignement, la politique, l'écriture, la science et le droit. Il ne se plaît pas au travail manuel. L'idéal est pour lui de prendre le temps de se consacrer à ses différentes activités.

La femme Serpent a de l'élégance et de la grâce. Elle choisit avec soin ses vêtements et se pare souvent de beaux bijoux. L'homme Serpent, également, accorde de l'importance à sa tenue et se conduit avec beaucoup de dignité.

Grâce à ses nombreux centres d'intérêt, son comportement calme et son sens de l'humour, le Serpent déploie beaucoup de charme. Il est romantique, séducteur et passionné – c'est le Don Juan du zodiaque chinois – et ne manque pas d'admirateurs. Pour certains, sa possessivité peut devenir insupportable mais beaucoup apprécient l'amour, l'affection et la sécurité que donne le Serpent.

Le Serpent a une personnalité complexe. Avisé, alerte et raffiné, il aime la solitude. Mais derrière cela se cachent de la gentillesse, un grand humour et une forte sensualité. Le Serpent a beaucoup à offrir et durant toute sa vie il s'arrangera pour faire de son mieux et mettre en valeur ses talents considérables.

SERPENTS CÉLÈBRES

Muhammad Ali, Kim Basinger, Tony Blair, Greta Garbo, John Kennedy, Pablo Picasso.

Serpent et Serpent

Relations générales

Sur un plan purement social, le Serpent apprécie la compagnie d'un autre Serpent. Penseurs profonds, ils se plaisent à échanger leurs points de vue, leurs discussions ont souvent une grande portée et sont intellectuellement profitables. Les Serpents trouvent la compagnie de l'autre stimulante et, pendant un temps, les relations entre eux peuvent être bonnes.

Quand deux Serpents travaillent ensemble, leurs relations sont cordiales et ils peuvent connaître un certain succès, mais en général cette association n'est pas des meilleures. Les Serpents sont des gens prudents qui s'accordent beaucoup de temps de réflexion. Ensemble ils peuvent élaborer des plans étonnants et originaux, mais il leur faudra beaucoup de temps pour les mettre en œuvre. Pour réaliser ses projets, le Serpent a vraiment besoin d'un partenaire plus dynamique et porté vers l'action qu'un autre Serpent méditatif et prudent.

En Amour et dans le Mariage

Les Serpents peuvent mutuellement s'enchanter et se fasciner. De par leurs puissants pouvoirs de séduction et les nombreux intérêts qu'ils partagent, ils peuvent facilement craquer l'un pour l'autre et leur histoire d'amour pourra être intense et sexuellement très satisfaisante.

Un couple Serpent s'efforce d'avoir une existence tranquille et ordonnée. Tous deux ont un goût prononcé pour les arts, la littérature et la musique. Ils ont une grande curiosité d'esprit et se plaisent à aborder un grand nombre de sujets. Toutefois il y a des problèmes auxquels ils devront faire face.

Le Serpent est possessif et chaque Serpent tient l'autre à l'œil. Si l'un des deux donne à l'autre une raison d'être jaloux, il peut en résulter bien des problèmes. De plus, comme ils sont exclusifs, il est à craindre que le couple Serpent se replie sur lui-même à tel point qu'il devient sans entrain et blasé.

En amour comme dans le mariage, si le départ est foudroyant, les projets à long terme peuvent poser bien des problèmes.

Une union difficile

Serpent et Cheval

Relations générales

Le Serpent et le Cheval éprouvent de l'intérêt l'un pour l'autre et leurs relations sont cordiales sans pour autant être intimes. Le Cheval reconnaît au Serpent un esprit fin et incisif, apprécie ses opinions, et le Serpent prend plaisir au charme et à l'éloquence du Cheval. Toutefois, celui-ci a un esprit aventureux et indépendant et les relations peuvent se refroidir étant donné que le Serpent n'apprécie guère un style de vie aussi actif.

Comme partenaires de travail, le Serpent et le Cheval s'entendent assez bien. Le Serpent réfléchit et planifie, et le Cheval met les plans en action. Très travailleur, le Cheval motive le Serpent et l'aide à passer à l'action. Le Serpent, quant à lui, apporte d'utiles conseils au Cheval et évite à celui-ci d'agir à la légère.

En Amour et dans le Mariage

L'attraction entre le Serpent et le Cheval peut être puissante et leurs relations intenses. Le Cheval ne peut résister au charme séducteur du Serpent et celui-ci est ravi par l'élan passionné du Cheval.

Comme ils ont des personnalités différentes, des difficultés peuvent surgir avec le temps ; toutefois, si les deux signes décident de se comprendre l'un l'autre, ils pourront les surmonter. Le Serpent peut être possessif et le Cheval peut se sentir réfréné par l'attitude du Serpent. Ce dernier, qui peut être de mœurs faciles, doit aussi contenir sa nature volage. Le Cheval, fidèle et loyal, attend la même attitude de son partenaire.

Le Cheval, beaucoup plus vif et aventureux que le Serpent, ne doit pas le brusquer ; il doit faire preuve de beaucoup de patience.

Avec attention et compréhension, tous deux peuvent sauver leur relation, mais pour que leur union dure, il faudra qu'ils s'adaptent l'un à l'autre.

Une union difficile

Serpent et Chèvre

Relations générales

Le Serpent et la Chèvre sont des signes calmes et faciles à vivre, leurs relations sont bonnes. Avec le goût qu'ils partagent pour les arts et leur nature imaginative, ils ont beaucoup d'intérêts en commun. Ce sont de fins connaisseurs en bonne chère et en boisson et passent ensemble du bon temps.

Le Serpent et la Chèvre aussi travaillent bien ensemble et, si leur travail est de nature créative, ils pourront connaître beaucoup de succès. La Chèvre bénéficie des conseils avisés et de la calme détermination du Serpent tandis que celui-ci profite de l'esprit inventif et original de la Chèvre. Ils ont de bons rapports entre eux bien qu'ils doivent prendre garde aux problèmes financiers. Les deux signes peuvent se laisser aller et s'apercevoir que leurs dépenses épuisent rapidement les profits qu'ils font.

En Amour et dans le Mariage

Le Serpent et la Chèvre sont souvent attirés l'un par l'autre et, en amour comme dans le mariage, ils peuvent trouver beaucoup de bonheur. Les deux signes sont d'un naturel calme et facile à vivre et ils se sentent bien l'un avec l'autre. Ils ont ensemble bien des centres d'intérêt, en particulier dans le domaine artistique, et tous deux peuvent prendre plaisir à la musique, à la littérature ou au théâtre. Le seul problème est qu'ils peuvent se montrer dépensiers et, malgré le flair financier du Serpent, l'argent qu'ils gagnent et leurs économies risquent de fondre comme neige au soleil.

Bien que le Serpent puisse parfois désespérer de la nature capricieuse de la Chèvre, ils s'aident et s'encouragent mutuellement dans leurs diverses entreprises. La Chèvre tire des forces du calme et de la détermination du Serpent et celui-ci aprécie l'originalité et les talents artistiques de la Chèvre.

Un couple bien assorti

Serpent et Singe

Relations générales

Au niveau social, le Serpent et le Singe peuvent assez bien s'entendre. Bien qu'ils aient des tempéraments différents – le Serpent étant calme, placide, et le Singe plus vif et extraverti – il y a entre eux beaucoup de respect et de sympathie. Le Serpent se plaît en la compagnie étincelante du Singe, il est enchanté par sa nature ingénieuse et pleine d'entrain tandis que le Singe apprécie le calme et le sérieux du Serpent.

Toutefois, quand ils travaillent ensemble, leurs relations peuvent s'avérer difficiles. Le Serpent est réfléchi, prudent et calculateur tandis que le Singe est prompt à agir. Le Singe peut estimer que le Serpent a une influence restrictive et le Serpent trouve que le Singe est impulsif et s'emporte trop facilement. Tous deux peuvent être évasifs et cachottiers et tiennent sans doute à garder leurs idées et leurs projets pour eux-mêmes.

En Amour et dans le Mariage

Le Serpent et le Singe font partie des signes les plus complexes du zodiaque chinois : le Serpent garde pour lui ses pensées et ses émotions tandis que le Singe a le don de dissimuler ses sentiments derrière sa nature cordiale et agréable. C'est peut-être la complexité du Serpent et du Singe qui les attire l'un vers l'autre et les intrigue. Une fois ensemble, il est rare qu'ils se séparent.

Dans l'union entre le Serpent et le Singe, chacun bénéficie des qualités et des talents de l'autre. Le Serpent est ravi par l'exubérance du Singe, lequel lui apprend à montrer plus de confiance. Le Singe apprécie l'avis et les opinions du Serpent et chacun avance dans la vie en recevant le secours, l'aide et les encouragements de l'autre. Tous deux sont intelligents, sociables, ont un grand sens de l'humour et auront beaucoup d'amis. Et les enfants viendront renforcer leur union.

Une excellente union.

Serpent et Coq

Relations générales

Ces deux signes s'admirent énormément. Ils s'entendent bien et leurs relations sont bonnes. Ils se plaisent en compagnie l'un de l'autre et se réjouissent des conversations pleines d'entrain qu'ils peuvent avoir. Socialement, le Serpent et le Coq peuvent devenir des amis sûrs et loyaux.

Ces deux signes peuvent également former un partenariat de travail promis au succès. Le Coq est le plus extraverti et le plus entreprenant des deux, il inspire et motive le Serpent, incitant parfois à l'action le trop prudent Serpent. D'autre part, le Coq tire profit du flair financier du Serpent et il est rassuré par sa nature calme. Les deux signes sont ambitieux et, ensemble, ils peuvent obtenir beaucoup de succès.

En Amour et dans le Mariage

Le Serpent et le Coq sont attirés l'un par l'autre et bien assortis.

Contrairement à d'autres signes, le Serpent comprend bien le Coq. Derrière la façade souvent fanfaronne du Coq se cache une personnalité riche et chaude et il faut souvent un signe aussi calme et perspicace que le Serpent pour apprécier le Coq tel qu'il est et non comme il paraît. Le Coq est méthodique, sait s'occuper de son foyer, il est extrêmement loyal et fidèle – toutes qualités qui importent au Serpent.

Tout comme le Serpent s'enrichit des nombreuses vertus du Coq, celui-ci apprécie la nature calme, gentille et attentive du Serpent. Ces deux signes s'aident et s'encouragent mutuellement et font tout leur possible pour leur partenaire. Il est de fait que chacun a des particularités que l'autre désapprouve – le côté tatillon du Coq, le côté secret du Serpent – mais ce sont là des obstacles mineurs.

Une excellente union

Serpent et Chien

Relations générales

Le Serpent et le Chien choisissent tous deux leurs amis avec soin et il faut souvent un certain temps avant que chacun d'eux soit prêt à sortir de sa réserve et à faire confiance aux autres – et il en est ainsi quand ces deux signes se rencontrent. Au début, les relations entre eux sont assez fraîches dans la mesure où chacun teste l'autre. Mais avec le temps le Serpent et le Chien peuvent apprendre à se connaître, gagner en confiance et bien s'aimer. Le Chien apprécie les manières sages et réfléchies du Serpent et celui-ci admire l'intégrité et la nature magnanime du Chien.

Quand le Serpent et le Chien travaillent ensemble, les rapports peuvent être loyaux sans qu'il y ait un accord complet. Le Serpent, ambitieux et déterminé, aime faire les choses à sa manière. Le Chien, quant à lui, a besoin de se sentir motivé avant de donner le meilleur de lui-même. De plus, il n'est pas aussi matérialiste que le Serpent et peut désapprouver certaines intentions et actions de ce dernier.

En Amour et dans le Mariage

Ils comptent beaucoup l'un pour l'autre et, en amour comme dans le mariage, ils peuvent être heureux. Toutefois, pour qu'il en soit ainsi, il faut des arrangements et tous deux doivent se montrer conciliants pour surmonter les difficultés.

Le Serpent est plus ambitieux et matérialiste que le Chien, qui désapprouve cette mentalité. Le Chien a tendance à être inquiet et peut souffrir de crises d'anxiété. Bien que le Serpent puisse être compréhensif, il peut ne pas très bien comprendre les tracas du Chien et perdre patience quand celui-ci est d'une humeur particulièrement sombre.

Heureusement, les deux signes sont d'habitude à même de reconnaître ces sources de problèmes et font tous leurs efforts pour s'ajuster l'un à l'autre. D'autre part, ils possèdent des qualités que les autres admirent. Le Serpent estime la loyauté et le sérieux du Chien tandis que celui-ci puise sa consolation dans les manières calmes et confiantes du Serpent.

Une union plutôt bonne

Serpent et Sanglier

Relations générales

Le Sanglier facile à vivre s'entend bien avec la plupart des signes, mais le Serpent peut être une exception. Le problème réside dans leurs personnalités différentes. Le Sanglier est honnête, ouvert aux autres, et il entend qu'il en soit de même chez ceux qu'il fréquente. Le Serpent, quant à lui, peut être réservé et secret, et il est souvent difficile au Sanglier de pénétrer le caractère évasif du Serpent. Le Sanglier ne comprend pas la nature solitaire du Serpent et celui-ci est mal à l'aise devant le comportement ouvert et facile à vivre du Sanglier.

Quand le Serpent et le Sanglier travaillent ensemble, leurs relations peuvent également s'avérer délicates. Le Sanglier est beaucoup plus tourné vers l'action que le Serpent et, en général, ils entreprennent leurs activités différemment. Le Serpent s'occupe plus de planifier et de penser tandis que le Sanglier préfère se plonger directement dans l'action.

En Amour et dans le Mariage

Les Serpents et les Sangliers ont du mal à se lier et, dans les premiers temps de leur relation, il y a un manque d'accord. Le Sanglier est perplexe devant l'attitude réservée du Serpent et il est difficile à celui-ci de s'ouvrir à la nature joviale et facile à vivre du Sanglier. Une histoire d'amour entre ces deux signes peut être éprouvante mais, s'ils veulent faire des efforts, il est possible qu'ils découvrent peu à peu chez l'autre plus de qualités positives.

Avec le temps, le Sanglier apprend à reconnaître la sagesse du Serpent. Celui-ci, quant à lui, apprécie la nature confiante du Sanglier. Sous l'influence de ce dernier, le Serpent peut s'ouvrir à la confiance. Ils goûtent tous deux les bonnes choses de la vie et peuvent savourer un mode de vie agréable.

On peut craindre toutefois qu'un mariage Serpent-Sanglier puisse ne pas être des plus faciles et il faudra de chaque côté beaucoup d'effort et de bonne volonté pour que la relation tienne bon.

Une union difficile

Le Cheval

Qualités spécifiques :

Actif, alerte, ouvert, aventureux,
éloquent, soupe au lait.

En amour :

Pour le Cheval, l'amour est tout.
Il est passionné, attentionné et fiable.

Le Cheval, l'esprit vif et aiguisé, a beaucoup de centres d'intérêts. Avec grâce, style et élégance, il développera toute sa vie ses talents de bien des manières. Avec un esprit aventureux et une personnalité attachante, il se fait facilement des amis et attire souvent sur lui l'attention.

La vie sociale est très importante pour lui et il a des amis et des connaissances de toutes conditions sociales.

Le Cheval manifeste également un fort sex-appeal et l'homme comme la femme ne manquent pas d'admirateurs. Il a une nature passionnée et quand il est attiré par quelqu'un, il se dévoue entièrement à cette personne. Tout son être est engagé et il vit pleinement son amour. Le problème est que le Cheval tombe facilement amoureux et se déprend de même, aussi faut-il que l'autre personne comprenne bien le caractère du Cheval pour conserver son affection.

Comme le Cheval a beaucoup de qualités remarquables, il est grandement admiré et respecté par les autres. Les côtés faibles du Cheval peuvent toutefois nuire à son succès. Il ne peut rester en place. Il a tendance à passer d'une activité à une autre et abandonne souvent ses projets si autre chose capte son attention. Il peut aussi laisser sa nature enthousiaste prendre le meilleur de lui-même et agir de manière impulsive. Le Cheval est brillant, spirituel, enthousiaste et, bien qu'il ne soit pas facile à vivre, l'existence à ses côtés ne saurait être ennuyeuse.

CHEVAUX CÉLÈBRES

Sean Connery, James Dean, Harrison Ford, Jimi Hendrix, Paul McCartney, Nelson Mandela.

Cheval et Cheval

Relations générales

Le Cheval apprécie la compagnie, spécialement celle du Cheval. Ils partagent beaucoup d'intérêts et ont le même point de vue sur la vie. Leur goût de la conversation les conduit à avoir des discussions animées et pleines de verve et ils passent bien des heures en compagnie l'un de l'autre.

Dans le travail, le Cheval est appliqué, entreprenant et industrieux ; en combinant leurs talents, deux Chevaux peuvent former un partenariat efficace. Ils ont l'énergie et l'enthousiasme pour bien faire. Ils devront toutefois s'entendre sur une claire division des responsabilités et rester fixés sur un but spécifique. Sans cette discipline, il se peut qu'ils en arrivent à se disputer le contrôle des affaires et à entrer en compétition plutôt que de travailler ensemble.

En Amour et dans le Mariage

Quand le Cheval tombe amoureux, c'est totalement et profondément. Il n'y a pas de demi-mesure. S'il s'éprend d'un autre Cheval plein d'entrain, son amour ne connaît pas de limites. En tout cas, il en est ainsi dans les premiers temps de leur relation.

Le Cheval s'emporte facilement et, bien que cela ne dure pas, plus d'un Cheval dit certaines choses qu'il regrette ensuite. Quand deux Chevaux sont ensemble, leur tempérament peut conduire à des échanges assez vifs. De plus, les Chevaux sont furieusement indépendants et peu diplomates, ce qui peut nuire à leur relation. Heureusement, le Cheval est bien placé pour comprendre un autre Cheval et, dans le meilleur des cas, ils s'autoriseront une liberté mutuelle.

Ils peuvent être différents mais chacun compte beaucoup pour l'autre et, avec leur nature passionnée, leurs intérêts et points de vue similaires, leur vie commune peut être satisfaisante.

Une bonne union

Cheval et Chèvre

Relations générales

Bien que le Cheval et la Chèvre aient des personnalités très différentes, ils s'entendent bien. La relation entre eux est excellente et, grâce à leurs natures ouvertes et sociables, ils se plaisent en compagnie l'un de l'autre. Ils partagent à peu près les mêmes intérêts, en particulier le goût pour la nature, les voyages et la fréquentation d'amis. Le Cheval et la Chèvre deviennent souvent de proches et fidèles amis.

Le Cheval et la Chèvre travaillent aussi bien ensemble. La Chèvre, qui parfois peut être indécise, se réjouit des décisions que prend le Cheval. La Chèvre admire la résolution du Cheval, lequel est satisfait de mener la barque. Toutefois, si des difficultés surgissent, la Chèvre est toujours prête à apporter soutien et encouragement au Cheval. Celui-ci bénéficie de plus de la créativité de la Chèvre ; il fournit une appréciable énergie aux nouvelles idées et suggestions. Leur travail commun connaîtra le succès.

En Amour et dans le Mariage

De par leurs natures sociables et pleines d'entrain, le Cheval et la Chèvre sont souvent attirés l'un par l'autre et, en amour comme dans le mariage, ils sont bien assortis.

Les deux signes ont beaucoup d'intérêts en commun et il est vraisemblable qu'ils mènent une vie sociale active et agréable. Ils sont entourés de beaucoup d'amis et, en couple, ils sont des hôtes parfaits. Le Cheval apprécie énormément le soutien inépuisable et sans condition de la Chèvre et celle-ci sait très bien désamorcer l'emportement du Cheval et lui remonter le moral. Contrairement aux autres signes, la Chèvre comprend les changements d'humeur du Cheval et il lui est facile de s'en accommoder. Le Cheval apprécie également les talents artistiques et créateurs de la Chèvre et sa manière exquise de tenir une maison.

Une excellente union

Cheval et Singe

Relations générales

Le Cheval et le Singe ont tendance à se méfier l'un de l'autre et, bien que leurs relations puissent être assez bonnes, il est peu probable qu'ils deviennent de vrais amis. Le Cheval craint la ruse du Singe et celui-ci rencontre des problèmes avec l'indépendance du Cheval. Entre eux les relations ne sont jamais très fortes.

Quand le Cheval et le Singe travaillent ensemble, l'alliance de leurs talents les mène au succès. Le Cheval industrieux travaille beaucoup et le Singe plein de ressources a l'esprit d'entreprise. Tous deux ont des talents variés et de l'intelligence ; s'ils travaillent ensemble, leur succès peut être considérable. Toutefois, celui-ci risque de pâtir de leur méfiance mutuelle. L'honnête Cheval ne tolère pas les voies parfois détournées du Singe et ce dernier n'apprécie pas l'attitude indépendante du Cheval. Pour obtenir le succès, ils doivent apprendre à se faire confiance.

En Amour et dans le Mariage

Le Cheval et le Singe ont beaucoup de traits en commun. Ce sont des signes résolus et ouverts. Ils ont des talents variés, beaucoup de centres d'intérêt et entreprennent leurs activités avec fougue et enthousiasme. Toutefois ils ne s'entendent pas très bien et, en amour comme dans le mariage, leur relation peut ne pas être facile.

Le Singe peut être secret, évasif, il a le don de cacher ses vrais sentiments, ce qui irrite le Cheval. Le Singe, quant à lui, est agacé par le besoin d'indépendance du Cheval. Les deux signes ont une forte volonté ; il y aura une lutte constante pour l'autorité et chacun voudra avoir le dernier mot.

Il faut que le couple Cheval-Singe soit exceptionnel pour que la relation tienne, mais s'ils peuvent s'accorder et permettre à l'autre de s'adonner à ses hobbies, ils pourront rester ensemble et former un couple plein d'entrain.

Une union difficile

Cheval et Coq

Relations générales

Vifs, à la répartie facile et sociables, le Cheval et le Coq se plaisent en compagnie l'un de l'autre. Ensemble ils assurent joyeusement des fonctions sociales, ont des discussions animées et aiment être ensemble. Ils peuvent devenir bons amis tout un temps, bien que les projets à long terme puissent ne pas aboutir. Les deux signes sont connus pour s'exprimer franchement et leur nature directe peut facilement prendre le dessus. Quand il y a des choses à faire et que tout se passe bien, le Cheval et le Coq sont bons copains, mais quand les choses commencent à aller mal, les chamailleries commencent.

Le Cheval et le Coq sont tous deux de grands travailleurs et, comme associés, ils peuvent avoir beaucoup de succès. Le Cheval bénéficie énormément des dons d'organisation du Coq et celui-ci tire sa force de la volonté et du zèle du Cheval. Le problème principal réside dans le fait que tous deux sont égocentriques et sont prompts à s'attribuer personnellement le succès d'une entreprise.

En Amour et dans le Mariage

Le Cheval et le Coq sont souvent attirés l'un par l'autre et, avec leur allure élégante et raffinée, ils peuvent faire un couple remarquable. Tous deux ont une grande ouverture d'esprit et ont beaucoup d'intérêts en commun. Pendant tout un temps, le Cheval et le Coq peuvent être très heureux mais, s'ils veulent que leur affection perdure, ils devront faire preuve de bonne volonté pour s'accorder l'un à l'autre.

Pour trouver le bonheur, il faut qu'ils concilient leurs natures différentes. Le Cheval est plus aventureux que le Coq et aime faire des choses sous l'impulsion du moment tandis que le Coq préfère entreprendre ses activités de manière plus ordonnée. Le Coq désespère parfois de l'agitation du Cheval et celui-ci trouve que le Coq est inflexible et arrêté dans ses façons d'agir.

Il y a indubitablement des problèmes que le Cheval et le Coq doivent affronter dans leur relation mais, grâce à leurs intérêts communs et leur puissante attraction physique, ils peuvent, en faisant attention, goûter une relation satisfaisante et pleine d'entrain.

Une union difficile

Cheval et Chien

Relations générales

Le Cheval et le Chien se comprennent bien et peuvent devenir des compagnons proches et des amis à vie. Il y a entre eux respect et confiance, chacun fait de son mieux pour aider et soutenir l'autre. Ils partagent souvent des intérêts similaires et se sentent bien ensemble. En général, les relations entre le Cheval et le Chien sont excellentes.

Ces deux signes également travaillent bien ensemble et forment un tandem efficace. Tous deux travaillent beaucoup et attachent énormément d'importance à l'ouverture et à l'honnêteté en ce qui concerne les affaires. Des deux, le Chien peut se montrer le plus prudent mais il a une utile influence de retenue sur l'imprudence et l'impulsivité du Cheval. Toutefois, le Cheval entreprenant fait beaucoup pour inspirer et stimuler le Chien ; ensemble, grâce à leurs talents propres, ils vont au succès.

En Amour et dans le Mariage

Le Cheval et le Chien sont bien assortis et, en amour, ils peuvent connaître le bonheur. Non seulement l'attraction physique est forte, mais chacun a des qualités que l'autre admire. Le Cheval apprécie les manières aimantes et affectueuses du Chien et tire beaucoup de force dans son aide infaillible.

Le Chien, quant à lui, est réjoui par l'entrain du Cheval, son intelligence et sa nature sociable. Le Cheval s'efforce de stimuler le Chien et de plus a le don de chasser les soucis qui accablent si souvent le Chien. Ce dernier accepte le besoin d'indépendance du Cheval et lui permet de se consacrer à ses propres intérêts.

Le Cheval et le Chien partagent de nombreux intérêts. Ils aiment tous deux rester actifs et peuvent avoir un goût marqué pour les activités en extérieur, comme le jardinage, les voyages et le sport.

Une excellente union

Cheval et Sanglier

Relations générales

Le Cheval et le Sanglier ont beaucoup d'estime l'un pour l'autre et leurs relations sont d'habitude bonnes. Tous deux ont une nature ouverte et sociable et ils se plaisent en compagnie l'un de l'autre. En tant qu'amis, ils partagent une vie sociale active et partagent de nombreux intérêts.

Il en est de même pour les relations de travail. Le Sanglier est astucieux en affaires et sait gagner de l'argent, le Cheval est assidu et dur à la tâche. Le Cheval bénéficie de la persévérance du Sanglier et celui-ci apprécie l'enthousiasme et l'esprit d'entreprise du Cheval. Leurs talents se complètent bien mais chacun doit être attentif à l'autre et il est préférable qu'ils répartissent clairement leurs responsabilités.

En Amour et dans le Mariage

Le Cheval et le Sanglier sont souvent attirés l'un par l'autre et quand ils sont amoureux, ils peuvent avoir une relation très intime et satisfaisante. Non seulement l'attraction physique est forte, mais ils peuvent également bien s'entendre et se comprendre.

Le Cheval et le Sanglier ont tous deux une nature ouverte et pleine d'entrain. Ils aiment vivre intensément, mènent une vie sociale active et se consacrent à beaucoup d'activités. Ils savent aussi comment s'amuser et passent une bonne part de leur temps à ce qui leur procure du plaisir.

Ils apprécient mutuellement leurs talents. Le Sanglier sait tenir sa maison et le Cheval goûte le confort et le cadre agréable que le Sanglier ne manque pas de créer. Le Sanglier est à la fois sérieux et digne de confiance et il peut être un frein utile à la nature fougueuse et impulsive du Cheval. Le Sanglier, quant à lui, admire la force de caractère du Cheval et sa nature vive et entreprenante.

Une bonne union

La Chèvre

Qualités spécifiques :

Créative, artistique, prévenante, généreuse,
facile à vivre, sensible, anxieuse.

En amour :

Amoureuse, affectueuse et attentionnée.

Sous l'influence de l'art, la Chèvre possède une riche imagination, est créatrice et privilégie les choses calmes de la vie. Gentille et bienveillante de nature, elle s'entend bien avec les autres. La Chèvre déteste toute sorte de discorde et fuit les disputes et les situations embarrassantes.

Dans son travail, la Chèvre a besoin d'une force qui l'inspire. Sans cette aide, la Chèvre manque de motivation ou se surmène pour donner le meilleur d'elle-même. Toutefois, une fois qu'elle a l'inspiration, la Chèvre peut être un travailleur habile et avisé. Elle préfère suivre que mener et n'aime pas prendre des risques. Grâce à ses dons artistiques, la Chèvre excelle chaque fois où elle est à même d'employer ses talents de création et d'imagination.

La Chèvre est cordiale et se fait facilement des amis. Bien qu'elle puisse être réservée en rencontrant quelqu'un pour la première fois, dès qu'elle a appris à connaître cette personne ou se sent en confiance dans un groupe qu'elle fréquente, elle peut être causante et pleine d'esprit. Elle n'aime pas la solitude et se plaît à avoir du monde autour d'elle.

La femme Chèvre, attentionnée et prévenante, est très considérée. Elle déverse beaucoup d'amour et d'énergie dans sa famille et son foyer. L'homme Chèvre a souvent une allure désinvolte et une nature affable. Sans être toujours aussi assuré et compétitif que d'autres, son charme le mène loin.

La Chèvre a souvent une grande famille mais avec sa nature accommodante, il n'est pas strict en matière de discipline et fait difficilement face aux colères enfantines. Les enfants toutefois apprécient sa gentillesse et les parents Chèvre sont à même d'établir des liens proches et aimants avec leurs enfants.

CHÈVRES CÉLÈBRES

Jane Austen, Mel Gibson, Michel-Ange, Robert de Niro, Rudolph Valentino, Andy Warhol.

Chèvre et Chèvre

Relations générales

Brillante, sociable et souvent insouciante, la Chèvre aime la compagnie d'une autre Chèvre. Elles peuvent avoir beaucoup de choses en commun et peuvent partager des intérêts artistiques. Elles apprécient également la bonne vie et, pourvu que les finances le permettent, elles ne manquent pas de partager un bon repas et de dépenser sans compter.

Dans le domaine du travail, deux Chèvres ont les moyens de réussir. Elles se font confiance et se respectent et, si leur travail est de nature artistique, leurs talents combinés peuvent leur apporter un beau succès. Il faut convenir que la Chèvre n'est pas le signe le plus doué pour le commerce, mais dans un climat de travail, les Chèvres s'aident et s'inspirent l'une l'autre et peuvent réussir. Toutefois, comme toutes deux peuvent être complaisantes, elles doivent se plier à la discipline quand elles ont à faire face aux problèmes financiers de toutes sortes.

En Amour et dans le Mariage

La Chèvre est un signe amoureux, passionné, sensuel, et l'attraction entre deux Chèvres est forte. Elles savent comment s'amuser et apprécient les bonnes choses de la vie.

Les Chèvres tiennent leur maison de façon remarquable et leur foyer est un véritable nid d'amour. Toutes deux dépensent beaucoup d'énergie à aménager leur foyer et considèrent que celui-ci est leur sanctuaire privé – une protection contre le monde extérieur.

Toutefois des problèmes peuvent surgir. La Chèvre a tendance à être dépensière et quand deux Chèvres sont ensemble, elles ont du mal à tenir les cordons de la bourse. Aussi, quand il y a un problème, la Chèvre peut avoir une attitude pessimiste et lorsque deux Chèvres sont déprimées, elles peuvent avoir du mal à se remonter le moral. Heureusement, la plupart des couples Chèvre discernent aisément les sources de problèmes et, comme aucune d'elles n'apprécie la discorde, elles viennent rapidement à bout des difficultés.

Un couple très uni

Chèvre et Singe

Relations générales

La Chèvre et le Singe se plaisent en compagnie l'un de l'autre et leurs relations peuvent être bonnes. Ce sont des signes ouverts et sociables qui ont ensemble un commerce agréable et plein d'intérêt. Comme ils s'estiment et se respectent, ils peuvent devenir très bons amis.

Dans le domaine du travail, la Chèvre et le Singe peuvent très bien s'entendre. Le Singe apprécie les talents créateurs et inventifs de la Chèvre et celle-ci reconnaît l'astuce et l'esprit d'entreprise du Singe. Ce dernier fait beaucoup pour motiver la Chèvre et, quand ils s'allient pour poursuivre un but particulier, leurs façons d'agir originales et audacieuses peuvent les conduire au succès. Il y a entre eux beaucoup de confiance et de respect bien que la Chèvre plus craintive puisse ne pas prendre autant de risques que le Singe.

En Amour et dans le Mariage

Les Chèvres et les Singes sont souvent attirés l'un par l'autre et leur relation connaît bien des plaisirs et des marques d'amour de toutes sortes. Leur nature astucieuse et inventive les amuse mutuellement et il y a entre eux beaucoup d'affection.

La Chèvre et le Singe ont beaucoup d'estime l'un pour l'autre. Le Singe apprécie les talents dont fait preuve la Chèvre pour tenir sa maison tout autant que ses aptitudes artistiques et créatives. Le Singe comprend bien la Chèvre et fait beaucoup pour l'aider et l'encourager.

De même la Chèvre admire l'ingéniosité du Singe et en est réconfortée. Chaque fois qu'il y a un problème, le Singe arrive avec une solution. Il est toutefois possible que la Chèvre devienne trop dépendante du Singe et si cela peut apporter trop de contraintes, le Singe peut s'en irriter et des problèmes risquent de s'ensuivre. D'autre part, la Chèvre est beaucoup plus romantique et sensible que le Singe.

En général, toutefois, la Chèvre et le Singe comptent beaucoup l'un pour l'autre et toutes difficultés peuvent être écartées.

Une bonne union

Chèvre et Coq

Relations générales

La Chèvre et le Coq ont des personnalités très différentes et les relations entre eux peuvent s'avérer difficiles. Le Coq est efficace, méthodique et pratique tandis que la Chèvre a une nature beaucoup plus accommodante et insoucieuse. Le Coq est franc et direct tandis que la Chèvre change aisément d'humeur.

Leurs façons d'envisager les choses peuvent également poser des problèmes dans le travail. Le Coq est un travailleur très attaché à la planification et à l'organisation. La Chèvre, quant à elle, manque de discipline et a souvent besoin de motivation et d'encouragement. Le Coq considère l'attitude décontractée de la Chèvre avec dédain et la Chèvre ne voit dans le comportement du Coq qu'arrogance et pédanterie. Leurs affaires ne peuvent s'arranger que si elles sont de nature créative et si le Coq est capable de gérer les affaires de la Chèvre.

En Amour et dans le Mariage

La Chèvre et le Coq n'ont pas beaucoup de choses en commun et doivent faire beaucoup d'efforts pour s'adapter s'ils veulent vivre une relation proche et harmonieuse. Le Coq est bien organisé et a le don de planifier ses activités avec soin. La Chèvre, quant à elle, a une attitude face à la vie bien plus décontractée.

La Chèvre est aussi plus sensible que le Coq et trop souvent ses sentiments sont froissés par les critiques du Coq. D'autre part, il est difficile au Coq de se fier à la nature parfois fantasque de la Chèvre et souvent désespère de ses caprices.

Une relation prolongée et harmonieuse entre deux signes si différents peut tenir du challenge. Mais si l'amour entre la Chèvre et le Coq est assez fort, alors il est possible qu'ils puissent opérer les adaptations nécessaires pour que leur relation tienne.

Une union difficile

Chèvre et Chien

Relations générales

Il n'y a guère d'affinité entre la Chèvre et le Chien. Ils ont peu d'intérêts en commun et leurs personnalités différentes ont peu de chance de se concilier. La Chèvre capricieuse et fantasque n'est pas très appréciée du Chien plus sérieux et consciencieux tandis que la Chèvre trouve que le Chien est cynique, têtu et idéaliste.

Ce manque d'accord se manifeste également quand la Chèvre et le Chien travaillent ensemble. Pour bien faire, les deux signes ont besoin d'encouragement et de motivation, et c'est une chose qu'aucun des deux ne peut apporter à l'autre. Le Chien se méfie de l'attitude décontractée de la Chèvre et celle-ci peut trouver difficile se s'adapter à l'idéalisme du Chien. Aucun d'eux n'a l'esprit commercial et, comme ils peuvent être anxieux, s'ils doivent faire face à des problèmes, il est probable qu'ils soient plongés dans une mer d'anxiété au lieu d'envisager des moyens de survie. Il se pourrait bien qu'ils préfèrent suivre des voies différentes que d'avancer ensemble avec peine.

En Amour et dans le Mariage

La Chèvre et le Chien ont en commun beaucoup de belles qualités. La gentille Chèvre a bon caractère et le Chien est loyal et prévenant. Mais ces signes ont aussi leurs faiblesses et quand la Chèvre et le Chien vivent ensemble, il semble qu'ils accentuent leurs traits négatifs.

Le problème vient de la différence de leurs personnalités et de leurs points de vue. Le Chien est idéaliste et toujours soucieux de ses devoirs et de ses responsabilités. Il peut être également têtu, obstiné et direct. La Chèvre peut être froissée par l'attitude critique du Chien et recherche une existence plus active et vivante que celle que peut lui procurer le Chien.

Le Chien, quant à lui, apprécie peu la nature imaginative de la Chèvre et ne peut tolérer son côté fantasque. Le Chien est direct, pratique et terre-à-terre, ce que n'est pas la Chèvre. Il faut qu'un couple Chèvre-Chien sorte de l'ordinaire pour que la relation tienne.

Une union difficile

Chèvre et Sanglier

Relations générales

La Chèvre et le Sanglier sont des signes pleins d'entrain, sociables et faciles à vivre, ils peuvent bien s'entendre. Non seulement ils se plaisent à mener une vie sociale active, mais leurs personnalités différentes sont complémentaires. La Chèvre se sent à l'aise et en sécurité avec le Sanglier affable quoique énergique, tandis que le Sanglier goûte la nature accommodante de la Chèvre. Ils peuvent engager de bons rapports et même devenir des amis constants et fiables.

La Chèvre et le Sanglier travaillent également bien ensemble. La Chèvre profite du flair commercial et des aptitudes du Sanglier pour faire de l'argent et celui-ci apprécie l'imagination et les talents créateurs de la Chèvre. Dans un tel partenariat, la Chèvre fournit souvent les idées tandis que le Sanglier a l'énergie et l'adresse nécessaires à la mise en œuvre des idées. Ils s'aident, se motivent et s'inspirent l'un l'autre et ici encore il y a une bonne relation et un climat de confiance.

En Amour et dans le Mariage

La Chèvre et le Sanglier ont tous deux une nature amoureuse et sensuelle et craquent souvent l'un pour l'autre. Il y a entre eux une grande attraction physique, leur vie sexuelle est active et satisfaisante. Leurs personnalités sont aussi hautement compatibles. Ils ont un tempérament placide et aspirent à une existence harmonieuse et sans stress.

La Chèvre – qui recherche un compagnon aimant et ingénieux – n'est certainement pas déçue par le Sanglier. Celui-ci l'aide à se sentir en sécurité et de plus fait de son mieux pour chasser ses nombreux soucis. Il va même jusqu'à supporter les caprices de la Chèvre.

Le Sanglier, quant à lui, apprécie non seulement l'aide et l'affection de la Chèvre, mais aussi ses dons pour tenir une maison. Ils déploient tous deux beaucoup d'efforts pour leur foyer et s'aident mutuellement dans leurs nombreuses activités. Ils ont un grand nombre d'amis et en couple ils sont des hôtes parfaits.

Une excellente union

Le Singe

Qualités spécifiques :

Ingénieux, charmant, persuasif, amusant,
sociable, astucieux.

En amour :

Captivant et sachant faire de l'effet !

Le singe amuse et intrigue et les personnes nées sous ce signe ont la même aptitude à attirer notre attention et à gagner notre approbation. Le Singe, gouverné par la fantaisie, a un délicieux sens de l'humour et une personnalité persuasive.

Le Singe peut bien faire dans presque toutes les branches du travail. Il donne toutefois le meilleur de lui-même quand il doit faire face à des challenges ou a quelque objectif en vue. Il devient rapidement lassé par la routine ou des tâches banales. Il peut manquer de persévérance ; s'il sent qu'un but n'est pas immédiatement à sa portée, son intérêt risque de diminuer assez vite. Le Singe est orienté vers l'action et il s'intéresse plus au présent et au futur proche qu'aux années à venir.

Ayant des manières aussi attachantes, le Singe plaît beaucoup au sexe opposé mais les affaires de cœur ne sont pas sans à-coups. Même s'il peut paraître joyeux et plein d'entrain, il est passé maître dans l'art de dissimuler ses sentiments et ses émotions véritables. Cela peut lui causer des troubles émotionnels.

Le Singe prend vraiment plaisir à être parent, en particulier parce que cela lui donne la possibilité de retrouver les joies de ses années d'enfance. Le Singe reste souvent jeune de cœur.

La femme Singe a une nature vive et enjouée. Comme sa contrepartie masculine, elle est curieuse et très versatile. Elle est persuasive et aime mener une vie sociale active. L'homme Singe aime tout autant faire impression sur les autres – il y réussit invariablement.

SINGES CÉLÈBRES

Jules César, Bette Davis, Michael Douglas, Mia Farrow, Tom Hanks, Peter O'Toole, Léonard de Vinci.

Singe et Singe

Relations générales

Avec une nature aussi amicale et avenante, le Singe se fait très facilement des amis et qui peut mieux gagner son admiration et son amitié qu'un autre Singe sociable ? Les Singes s'entendent à merveille et leurs relations sont d'habitude excellentes. Ensemble ils deviennent des complices qui s'encouragent mutuellement à faire les meilleures et les plus grandes choses.

En affaires, il en est peu qui doutent du flair et des capacités du Singe. Toutefois, quand deux Singes travaillent ensemble, une certaine discipline est nécessaire pour que leur relation aboutisse au succès. De par ses nombreux talents, le Singe a une propension marquée pour la compétition et cherche souvent à être meilleur que les autres – et cela implique parfois qu'il cherche à évincer un autre Singe ! Si les deux Singes peuvent résister à la tentation de prendre le dessus, leurs atouts combinés peuvent les conduire à un beau succès.

En Amour et dans le Mariage

Il y a une forte attraction entre deux Singes et, en amour comme dans le mariage, ils vivent une relation proche, heureuse et harmonieuse.

Les Singes se comprennent bien et peuvent instituer de bons rapports. Ils ont beaucoup de centres d'intérêts, dont certains qu'ils partagent, mais d'autres qu'ils préfèrent cultiver individuellement. À l'intérieur de leur relation, les Singes reconnaissent le besoin de liberté de leur partenaire et ils se l'octroient.

Les Singes aiment également rester actifs et leur vie commune est pleine de variété, de nouveaux challenges et de sources de plaisir. Les Singes se plaisent à avoir des amis, à voyager, ils ont soif d'aventure et il se passe toujours quelque chose dans leur vie – et leur maisonnée ne risque pas de souffrir de l'ennui !

Le couple Singe est très fier de ses enfants, ce sont des parents aimants et attentionnés. Ils aiment la vie de famille et consacrent beaucoup de temps et d'énergie à leurs enfants.

Une union formidable

Singe et Coq

Relations générales

Le Singe et le Coq sont deux signes énergiques et expressifs et, en général, ils ne s'entendent pas bien. Le Singe, vif et plein d'entrain, aime conserver une certaine liberté d'action tandis que le Coq est plus discipliné et conservateur. Le Coq voit dans le Singe un caractère impétueux et indiscipliné, et le Singe accorde peu de temps aux manières pédantes ou directes du Coq.

Ce manque de lien est également patent quand le Singe et le Coq travaillent ensemble. Leur approche de ce domaine est souvent très différente. Méthodique et efficace, le Coq aime planifier et organiser ses activités alors que le Singe, plus opportuniste, se fie beaucoup à son charme et à son intelligence. Il y a entre eux peu de confiance et, à moins qu'ils ne s'unissent pour un projet commun, rapidement ils suivent chacun leur voie.

En Amour et dans le Mariage

De par leur nature ouverte et sociable, le Singe et le Coq peuvent être attirés l'un par l'autre. Le Coq trouve la compagnie du Singe vivifiante et fascinante, et le Singe apprécie le style et la confiance en soi du Coq. Tout un temps il peuvent bien s'entendre, entre autres parce qu'ils aiment banqueter et se faire des amis. Mais leur amour et leur admiration mutuelle risquent de ne pas durer et, en amour comme dans le mariage, les choses se présentent plutôt mal.

Le problème vient de leurs natures très différentes. Le Singe, ingénieux à l'esprit vif, aime l'indépendance. Le Coq, quant à lui, tient à planifier et organiser – non seulement ses propres activités, mais aussi celles de ceux qui l'entourent. Le Singe, plus orienté vers l'action et plus spontané que le Coq, trouve ce dernier coercitif et fait peu de cas de son attitude franche et directe. Et le Coq, lui, sera irrité par les astuces du Singe et son attitude qu'il trouve trop matérialiste.

Une union difficile

Singe et Chien

Relations générales

Il y a beaucoup de différences de vues entre le Singe et le Chien et, de façon souvent fortuite, les relations entre eux peuvent s'avérer difficiles. Le Chien altruiste fait peu de cas de la conduite égocentrique et opportuniste du Singe, et celui-ci trouve le Chien trop idéaliste et inflexible à son goût. Toutefois, si chacun se décide à connaître mieux l'autre, ils peuvent alors se mettre à apprécier leurs meilleures qualités et leurs relations mutuelles s'améliorent.

Quand le Singe et le Chien travaillent ensemble, ils bénéficient chacun des atouts de l'autre. Le Singe est plus entreprenant et a plus d'esprit commercial que le Chien ; celui-ci a tendance à être plus discipliné et persévérant que le Singe. S'ils peuvent s'unir dans la poursuite d'un but spécifique, le Singe et le Chien peuvent alors connaître beaucoup de succès, bien que l'honorable Chien puisse ne pas s'enthousiasmer pour les fins stratagèmes du Singe.

En Amour et dans le Mariage

Bien que les premières relations entre le Singe et le Chien puissent être réservées, plus ils se fréquentent, plus ils s'apprécient mutuellement.

Chacun bénéficie des qualités qu'il trouve chez l'autre et, à bien des égards, les atouts de l'un compensent les faiblesses de l'autre. Le Singe, plus vif et fougueux, fait beaucoup pour éloigner les soucis qui assaillent le Chien anxieux. Ce dernier profite ainsi de la nature sociable et pleine d'entrain du Singe. Sous l'influence du Singe, il devient plus ouvert et décontracté.

Le Singe gagne aussi auprès du Chien. Celui-ci est sincère, bien intentionné, réfléchi, et le Singe tient compte de son jugement. Le haut niveau éthique du Chien déteindra sur le Singe, qui deviendra plus ouvert et honorable dans ses opérations. Si le Singe et le Chien ont une famille, cela renforce leur union et tous deux deviennent des parents attentifs et fiers de leurs enfants.

Une bonne union

Singe et Sanglier

Relations générales

Le Singe et le Sanglier sont des signes sociables, ouverts et pleins d'entrain, ils peuvent s'entendre très bien ensemble. Il y a une bonne compréhension entre eux et ils peuvent devenir de véritables amis. Ils apprennent beaucoup l'un de l'autre et le Singe comme le Sanglier cherchent à mettre en évidence les qualités de l'autre.

Le Singe et le Sanglier travaillent bien ensemble. Chacun reconnaît et apprécie les atouts de l'autre et il y a entre eux confiance et coopération. Le Singe estime la puissance de travail et les talents financiers du Sanglier tandis que celui-ci tire des forces et de l'inspiration dans l'enthousiasme et l'esprit d'entreprise du Singe. De plus, sous l'œil attentif du Sanglier, le Singe évite de faire intervenir ses ruses les plus critiquables. Bien que le Singe ne manque pas de duper les autres, il tient le Sanglier en trop haute estime pour tendre des pièges à son partenaire.

En Amour et dans le Mariage

Avec leurs natures chaudes, amicales et sociables, le Singe et le Sanglier sont souvent attirés l'un par l'autre et peuvent construire une relation aimante et harmonieuse.

Ensemble ils cultivent leurs intérêts communs et, avec leur multitude d'amis, mènent une vie sociale active. Le Singe apprécie volontiers les talents dont fait preuve le Sanglier pour tenir la maison et se réjouit de ses façons cordiales. Le Sanglier se sent inspiré par l'enthousiasme du Singe et ce dernier est rassuré par l'amour et la loyauté du Sanglier. Chacun fait de son mieux pour aider et encourager l'autre.

Le très honorable Sanglier, toutefois, peut désapprouver les procédés opportunistes et les ruses du Singe mais, sous son influence, le Singe peut fort bien s'améliorer et devenir plus correct dans ses transactions. Il peut devenir également moins centré sur lui même. D'autre part, il peut être de bon conseil pour le Sanglier parfois naïf.

Une excellente union

Le Coq

Qualités spécifiques :

Méticuleux, efficace, ordonné, consciencieux, intelligent, honorable, notoirement sincère.

En amour :

Sincère, attentionné et loyal.

Le coq attire l'attention, est ordonné et vigilant, et il en est ainsi pour beaucoup de ceux qui sont nés sous ce dixième signe chinois.

À sa manière, le Coq paraît confiant et sûr de lui. Il est souvent porté aux attitudes extravagantes et aime être sous les feux de la rampe. Il est sincère, honorable, confiant, et peut fasciner son entourage. Le Coq aime mener une vie sociale active. Extrêmement bien organisé, il est parfois étonnant de constater le travail qu'il peut abattre en un jour.

Avec une vive intelligence, un esprit aiguisé et une bonne mémoire, le Coq réussit dans la carrière qu'il a choisie. C'est un orateur expert et puissant, qui peut être très direct quand il exprime ses opinions. Certains admirent son honnêteté, mais d'autres le trouvent irréfléchi et caustique.

Derrière ce côté flamboyant se cache quelqu'un qui n'est pas toujours aussi confiant qu'il paraît à première vue, une personne qui cherche désespérément à plaire. Il faut tout un art pour franchir les barrières qu'il dresse autour de lui. Bien qu'il puisse sembler ouvert et très sociable, c'est en fait une personne extrêmement secrète.

La femme Coq, la Poule, est très consciencieuse dans tout ce qu'elle fait. Dans son travail, l'éducation de ses enfants ou la tenue de son foyer, elle cherche l'excellence et tient à plaire. L'homme Coq aime faire impression et a tendance à porter des tenues distinguées.

COQS CÉLÈBRES

Michael Caine, D.H. Lawrence, Michelle Pfeiffer, Roman Polanski.

Coq et Coq

Relations générales

Le Coq, vif et fier, choisit ses amis avec soin. Bien qu'il puisse reconnaître bien de ses propres qualités chez un autre Coq, sa nature énergique et dominatrice prend le dessus et empêche que deux Coqs deviennent pour toujours bons amis. Le Coq aime diriger et suivre sa propre voie, aussi une telle attitude le met en conflit avec un Coq tout aussi résolu.

Quand deux Coqs sont collègues ou partenaires en affaires, les difficultés surgissent encore. Chacun veut organiser le travail et commander l'autre. Nul ne cède aisément et, au lieu de travailler ensemble, il est probable qu'ils finissent par entrer en compétition.

En Amour et dans le Mariage

Les Coqs ont beaucoup d'admirables qualités mais lorsque deux Coqs vivent ensemble, leurs personnalités se heurtent et, plutôt que de mettre en valeur leurs qualités mutuelles, ils finissent toujours par se quereller et à entrer en compétition. Aucun des deux ne cède facilement et chacun essaie de prendre le dessus. Le Coq a une forte propension à la compétition et juge que le perchoir ne doit être occupé que par un seul.

Il y a bien sûr des exceptions à la règle et il est très possible que deux Coqs puissent réussir leur relation. Le mieux serait qu'ils puissent s'entendre sur une répartition des responsabilités tout en s'adonnant aux centres d'intérêts qu'ils ont en commun. Cependant, comme tous deux s'expriment ouvertement et avec force, il est probable que des disputes surgissent même dans les meilleures situations.

Une union difficile

Coq et Chien

Relations générales

Ces signes sont tous deux résolus et volontaires et, en général, ils ne s'entendent pas bien. Chacun a des particularités qui irritent l'autre et, comme ils peuvent s'exprimer ouvertement, l'explosion est facile. Le Coq a en horreur la nature têtue et cynique du Chien et celui-ci trouve le Coq vaniteux et égoïste.

Dans le domaine des affaires, leurs perspectives divergentes posent encore problème. Pour que le Chien réalise ses possibilités, il a besoin d'être inspiré et motivé – et le Coq a plutôt tendance à l'aliéner plutôt que de gagner sa confiance. Les manières énergiques du Coq et son côté méthodique le rendent mal à l'aise. Le Coq, quant à lui, peut se sentir énervé par l'anxiété du Chien. Quand des problèmes surgissent, leur nature impétueuse prend le dessus et leur partenariat dégénère en disputes et en amères récriminations.

En Amour et dans le Mariage

Le Coq et le Chien ont des personnalités très différentes – et alors que pour certains signes cela peut amener une complémentarité, ce n'est pas toujours ici le cas. Leurs différences conduisent au conflit et, à moins que le Coq et le Chien ne tombent amoureux et décident de se marier, leur relation peut se heurter à des difficultés.

Une partie du problème réside dans le fait qu'ils ont des perspectives opposées. Le Coq peut être vaniteux, arrêté dans ses opinions et centré sur lui-même, tandis que le Chien est plus altruiste et désapprouve l'égocentrisme du Coq. De plus, le Coq a tendance à dominer et à imposer aux autres son sens de l'ordre, ce que ne peut accepter le Chien, qui sait ce qu'il veut. Ce dernier n'aime pas être mené à la baguette et il peut trouver que le Coq, avec son exubérance, dépasse les limites, est trop pointilleux et importun. Tous deux peuvent s'exprimer avec emportement et les disputes risquent d'être fréquentes.

Une union difficile

Coq et Sanglier

Relations générales

Amical et affable, le Sanglier s'entend avec la plupart des signes et, s'il désapprouve l'égocentrisme du Coq, il éprouve néanmoins une secrète admiration pour ce volatile sincère et résolu. De même, le Coq est charmé par le caractère cordial et confiant du Sanglier. Leurs relations sont bonnes sans toutefois être nécessairement intimes.

Dans le travail, le Coq comme le Sanglier sont rudes à la tâche et s'ils joignent leurs efforts dans la poursuite d'un but précis, ils peuvent se montrer efficaces. Toutefois, le prudent Coq peut ne pas se sentir tout à fait à l'aise avec les risques que prend le Sanglier, tandis que le Sanglier peut parfois trouver l'attitude du Coq inflexible et restrictive. Tous deux font preuve d'honnêteté dans leurs transactions commerciales et, même s'ils ne sont pas toujours en plein accord, ils se respectent.

En Amour et dans le Mariage

Il y a beaucoup d'attraction entre le Coq et le Sanglier et, bien que les premiers temps de leurs amours puissent ne pas être faciles (chacun de ces signes a besoin d'un certain temps pour s'adapter à l'autre), plus leur relation dure, meilleure elle est.

Le Sanglier, beaucoup plus facile à vivre et tolérant que le Coq, accepte la plupart des projets et des aménagements que le Coq impose à la maisonnée. Le Coq est un grand organisateur et cela peut aider le Sanglier d'avoir un partenaire aussi efficace. D'autre part, sous l'influence accommodante du Sanglier, le Coq peut devenir plus réservé et abandonner ses inhibitions.

En couple, ces deux signes ont sans doute plusieurs intérêts en commun. Tous deux emploient beaucoup de temps et d'énergie pour leur foyer et peuvent aussi avoir un goût commun pour le jardinage. Ils aiment se faire des amis et en ont beaucoup.

Une union favorable

Le Chien

Qualités spécifiques :

Honnête, fiable, laborieux, perspicace, altruiste, attentionné, pessimiste.

En amour :

Très loyal et plein d'égards mais vivement attentif aux sentiments des autres.

Qu'il soit un animal de compagnie, un chien de ferme ou un gardien de propriété, le chien a longtemps été considéré comme le meilleur ami de l'homme. On peut retrouver bien des nobles caractéristiques du chien chez ceux qui sont nés sous ce signe.

Gouverné par la loyauté et l'anxiété, le Chien a une attitude respectueuse et responsable. Bon juge du caractère, il prend son temps pour tisser des liens d'amitié et il est admiré pour sa sincérité, son bon caractère et son intégrité. Le Chien inspire confiance. Bien qu'il puisse ne pas être aussi ambitieux que d'autres signes, il est souvent promu à des postes d'autorité simplement parce qu'il a gagné la confiance des autres. De tous les signes chinois, c'est l'un des plus altruistes.

Il est de nature sociable et les gens l'aiment bien. Il préfère de beaucoup les petites réunions aux grandes réceptions et il peut briller en compagnie de ses amis. Au milieu d'étrangers, il peut devenir introverti et morose.

La femme Chien a tendance à être plus ouverte que l'homme. Elle a des manières charmantes, converse bien et est fine psychologue. Elle entreprend ses activités de façon responsable et active ; elle est beaucoup aimée de sa famille et de ses amis.

Le Chien est un parent remarquable. Il consacre beaucoup de temps et d'attention à ses enfants bien que, de par sa nature anxieuse, il puisse être enclin à s'inquiéter sans raison à leur sujet.

CHIENS CÉLÈBRES

Brigitte Bardot, Michael Jackson, Madonna, Elvis Presley, Mère Thérésa.

Chien et Chien

Relations générales

Il y a beaucoup de camaraderie entre deux Chiens et leurs relations sont bonnes. Les Chiens se comprennent bien et ont une confiance mutuelle ; ils ont des points de vue similaires. Ils coopèrent énormément et font beaucoup pour s'aider et se soutenir l'un l'autre.

Quand deux Chiens travaillent ensemble, il y entre eux confiance et respect mais cela ne les mène pas nécessairement au succès. Le Chien a tendance à être inquiet et quand il faut prendre des décisions difficiles, le couple Chien peut être plein d'anxiété et de tension. Pour bien faire, il faut aux côtés du Chien quelqu'un de résolu qui puisse lui apporter inspiration et motivation. Avec un peu de chance, un tandem Chien pourrait y arriver – en particulier si leur travail est de nature humanitaire et si les enjeux matériels comptent peu – mais, en général, une relation de travail entre deux Chiens n'est pas des meilleures.

En Amour et dans le Mariage

Les Chiens sont romantiques et quand deux Chiens tombent amoureux l'un de l'autre, c'est une grande réunion des esprits et des cœurs. Un Chien se dévoue totalement à son partenaire et dans une telle relation, il y a beaucoup d'amour, de confiance et de compréhension.

En couple, ils font beaucoup pour s'aider et s'encourager. Ils œuvrent en tandem et leur loyauté et leur dévouement mutuels ne sont pas mis en question. Ils cultivent ensemble des intérêts communs et, avec leur sens pratique, ils se contentent souvent de mener à bien des projets concernant leur foyer et leur jardin. Ce sont des parents attentionnés.

Étant donné leur nature sérieuse et conventionnelle, le couple Chien ne doit pas déchaîner l'hilarité dans le foyer et, comme ils ne mâchent pas leurs mots, des disputes peuvent survenir. Les Chiens toutefois ne se laissent pas abattre et ils peuvent surmonter les orages.

Un couple dévoué

Chien et Sanglier

Relations générales

Le Chien et le Sanglier s'admirent et se respectent et peuvent devenir bons amis pendant longtemps. Le Sanglier est attiré par la nature loyale et altruiste du Chien tandis que celui-ci aime les manières affables, gentilles et sincères du Sanglier. Il y a entre eux une grande compréhension et les relations entre ces deux signes sont toujours bonnes.

Ils travaillent aussi très bien ensemble. Tous deux sont ouverts et honnêtes dans leurs transactions commerciales et le Chien est encouragé par le Sanglier travailleur. Celui-ci est le plus entreprenant des deux mais il peut être facile à duper et le Chien s'efforce de protéger et de porter secours à son partenaire et ami. Le Chien peut ne pas être aussi matérialiste et attiré par le profit que le Sanglier mais il y a de toute façon beaucoup de respect et de confiance entre eux.

En Amour et dans le Mariage

Il y a beaucoup de respect et de compréhension entre le Chien et le Sanglier ; en amour comme le mariage ils sont bien assortis.

Le Sanglier chaleureux apprécie la loyauté et la sincérité du Chien, et celui-ci se plaît en la compagnie pleine d'entrain du Sanglier. La cordialité du Sanglier est un bon antidote pour certains soucis qui accablent le Chien. D'autre part, le Sanglier apprécie le côté fiable du Chien et tient compte de ses conseils avisés. Tous deux sont des parents attentifs et pleins d'amour qui donneront à leurs enfants une merveilleuse éducation.

Comme toutes les relations comportent des problèmes, ils ont tendance à se faire des reproches. Tous deux peuvent être têtus et obstinés. Il se peut que le Chien trouve le Sanglier trop indulgent et peu délicat, tandis que le Sanglier peut désapprouver l'attitude trop franche et cynique du Chien.

Heureusement aucun de ces problèmes n'est insurmontable et tous deux apprécient suffisamment leur relation pour s'adapter à l'autre.

Une splendide union

Le Sanglier

Qualités spécifiques :

Sincère, honnête, confiant, sociable,
grand travailleur, obstiné.

En amour :

Passionné, sensuel et loyal.

Ceux qui sont nés sous ce douzième et dernier signe chinois ont beaucoup de qualités remarquables. Le Sanglier est sincère, confiant et s'entend très bien avec les autres. Il est de nature affable et les gens se sentent à l'aise en sa compagnie. Il aime se faire des amis et apprécie les bonnes choses de la vie. Il aime boire et manger et participe volontiers à des réceptions.

Bien que le Sanglier ne soit pas forcément aussi compétitif que d'autres signes, il est travailleur et persévérant ; ses employeurs apprécient beaucoup sa loyauté et son intégrité. Toutefois, il faut parfois du temps – et quelques faux départs – pour qu'il décide ce qu'il veut réellement faire et sache où résident vraiment ses talents.

Dans les affaires de cœur, le Sanglier est sensuel et passionné. Dans sa jeunesse, il peut être flirteur, de mœurs légères et s'abandonner totalement à ses relations. Mais, une fois fixé, il sera loyal et fidèle et fera un conjoint aimant et délicat. Sa vie au foyer compte beaucoup pour lui et il s'efforce de donner à sa maison une atmosphère calme et harmonieuse.

La femme Sanglier a un comportement particulièrement vif et attirant. Elle est sociable, sincère et confiante. Elle est pleine d'attention pour son partenaire et ses enfants et se dévoue pour eux - souvent au détriment de sa carrière. L'homme Sanglier se comporte agréablement et il est bien aimé mais, au-delà de sa nature affable, il peut se montrer obstiné.

SANGLIERS CÉLÈBRES

Woody Allen, Humphrey Bogart, Glenn Close, Pete Sampras, Steven Spilberg, Emma Thompson.

Sanglier et Sanglier

Relations générales

Le Sanglier chaleureux, amical et sociable sait prendre du plaisir et quand deux Sangliers se rencontrent, ils sont assurés d'avoir des moments forts. Ce sont de bons amis, de fameux compagnons, et leurs relations sont excellentes. Ils font aussi beaucoup pour s'aider mutuellement et ont sans aucun doute les mêmes intérêts et les mêmes points de vue.

Deux Sangliers travaillent bien ensemble. Le Sanglier est d'habitude chanceux en affaires et sait comment s'y prendre pour gagner de l'argent ; aussi, quand deux Sangliers associent leurs talents, le succès est sans nul doute assuré. Les Sangliers sont d'honnêtes et grands travailleurs et, grâce à leur détermination et leur puissance de travail, ils sont décidés à atteindre leurs objectifs en employant au mieux leurs talents. Il y a entre eux confiance et compréhension et leur collaboration dans le travail est excellente.

En Amour et dans le Mariage

Gentil, sociable et fiable, le Sanglier est un partenaire idéal et deux Sangliers qui vivent ensemble peuvent connaître le bonheur et obtenir beaucoup de satisfaction.

Les Sangliers se comprennent très bien, ils s'aident et s'encouragent, mettent en valeur leurs côtés positifs. Le Sanglier a souvent besoin d'un partenaire qui le comprend, l'encourage et l'aide à se réaliser, or qui mieux qu'un autre Sanglier pourrait le faire ?

Un couple Sanglier dépensera beaucoup de temps et d'énergie à aménager et entretenir son chez-soi. Les Sangliers aiment beaucoup leur foyer et ne manquent pas de le rendre confortable tout en lui procurant une atmosphère stable et harmonieuse.

Les Sangliers savent prendre leur plaisir et, en couple, mènent une vie sociale active, ont beaucoup d'amis et de nombreux centres d'intérêt. Ils aiment manger, recevoir et, comme ils ont un tempérament sensuel et passionné, leur vie sexuelle est active et réjouissante. Un couple Sanglier vit intensément !

Une excellente union

Les années chinoises

Rat	du 31 janvier 1900	au	18 février 1901
Buffle	du 19 février 1901	au	7 février 1902
Tigre	du 8 février 1902	au	28 janvier 1903
Lièvre	du 29 janvier 1903	au	15 février 1904
Dragon	du 16 février 1904	au	3 février 1905
Serpent	du 4 février 1905	au	24 janvier 1906
Cheval	du 25 janvier 1906	au	12 février 1907
Chèvre	du 13 février 1907	au	1 février 1908
Singe	du 2 février 1908	au	21 janvier 1909
Coq	du 22 janvier 1909	au	9 février 1910
Chien	du 10 février 1910	au	29 janvier 1911
Sanglier	du 30 janvier 1911	au	17 février 1912
Rat	du 18 février 1912	au	5 février 1913
Buffle	du 6 février 1913	au	25 janvier 1914
Tigre	du 26 janvier 1914	au	13 février 1915
Lièvre	du 14 février 1915	au	2 février 1916
Dragon	du 3 février 1916	au	22 janvier 1917
Serpent	du 23 janvier 1917	au	10 février 1918
Cheval	du 11 février 1918	au	31 janvier 1919

Chèvre	du 1 février 1919	au	19 février 1920
Singe	du 20 février 1920	au	7 février 1921
Coq	du 8 février 1921	au	27 janvier 1922
Chien	du 28 janvier 1922	au	15 février 1923
Sanglier	du 16 février 1923	au	4 février 1924
Rat	du 5 février 1924	au	23 janvier 1925
Buffle	du 24 janvier 1925	au	12 février 1926
Tigre	du 13 février 1926	au	1 février 1927
Lièvre	du 2 février 1927	au	22 janvier 1928
Dragon	du 23 janvier 1928	au	9 février 1929
Serpent	du 10 février 1929	au	29 janvier 1930
Cheval	du 30 janvier 1930	au	16 février 1931
Chèvre	du 17 février 1931	au	5 février 1932
Singe	du 6 février 1932	au	25 janvier 1933
Coq	du 26 janvier 1933	au	13 février 1934
Chien	du 14 février 1934	au	3 février 1935
Sanglier	du 4 février 1935	au	23 janvier 1936
Rat	du 24 janvier 1936	au	10 février 1937
Buffle	du 11 février 1937	au	30 janvier 1938
Tigre	du 31 janvier 1938	au	18 février 1939
Lièvre	du 19 février 1939	au	7 février 1940
Dragon	du 8 février 1940	au	26 janvier 1941
Serpent	du 27 janvier 1941	au	14 février 1942
Cheval	du 15 février 1942	au	4 février 1943
Chèvre	du 5 février 1943	au	24 janvier 1944
Singe	du 25 janvier 1944	au	12 février 1945
Coq	du 13 février 1945	au	1 février 1946

Chien	du 2 février 1946	au	21 janvier 1947
Sanglier	du 22 janvier 1947	au	9 février 1948
Rat	du 10 février 1948	au	28 janvier 1949
Buffle	du 29 janvier 1949	au	16 février 1950
Tigre	du 17 février 1950	au	5 février 1951
Lièvre	du 6 février 1951	au	26 janvier 1952
Dragon	du 27 janvier 1952	au	13 février 1953
Serpent	du 14 février 1953	au	2 février 1954
Cheval	du 3 février 1954	au	23 janvier 1955
Chèvre	du 24 janvier 1955	au	11 février 1956
Singe	du 12 février 1956	au	30 janvier 1957
Coq	du 31 janvier 1957	au	17 février 1958
Chien	du 18 février 1958	au	7 février 1959
Sanglier	du 8 février 1959	au	27 janvier 1960
Rat	du 28 janvier 1960	au	14 février 1961
Buffle	du 15 février 1961	au	4 février 1962
Tigre	du 5 février 1962	au	24 janvier 1963
Lièvre	du 25 janvier 1963	au	12 février 1964
Dragon	du 13 février 1964	au	1 février 1965
Serpent	du 2 février 1965	au	20 janvier 1966
Cheval	du 21 janvier 1966	au	8 février 1967
Chèvre	du 9 février 1967	au	29 janvier 1968
Singe	du 30 janvier 1968	au	16 février 1969
Coq	du 17 février 1969	au	5 février 1970
Chien	du 6 février 1970	au	26 janvier 1971
Sanglier	du 27 janvier 1971	au	14 février 1972
Rat	du 15 février 1972	au	2 février 1973

Buffle	du 3 février 1973	au	22 janvier 1974
Tigre	du 23 janvier 1974	au	10 février 1975
Lièvre	du 11 février 1975	au	30 janvier 1976
Dragon	du 31 janvier 1976	au	17 février 1977
Serpent	du 18 février 1977	au	6 février 1978
Cheval	du 7 février 1978	au	27 janvier 1979
Chèvre	du 28 janvier 1979	au	15 février 1980
Singe	du 16 février 1980	au	4 février 1981
Coq	du 5 février 1981	au	24 janvier 1982
Chien	du 25 janvier 1982	au	12 février 1983
Sanglier	du 13 février 1983	au	1 février 1984
Rat	du 2 février 1984	au	19 février 1985
Buffle	du 20 février 1985	au	8 février 1986
Tigre	du 9 février 1986	au	28 janvier 1987
Lièvre	du 29 janvier 1987	au	16 février 1988
Dragon	du 17 février 1988	au	5 février 1989
Serpent	du 6 février 1989	au	26 janvier 1990
Cheval	du 27 janvier 1990	au	14 février 1991
Chèvre	du 15 février 1991	au	3 février 1992
Singe	du 4 février 1992	au	22 janvier 1993
Coq	du 23 janvier 1993	au	9 février 1994
Chien	du 10 février 1994	au	30 janvier 1995
Sanglier	du 31 janvier 1995	au	18 février 1996
Rat	du 19 février 1996	au	6 février 1997
Buffle	du 7 février 1997	au	27 janvier 1998
Tigre	du 28 janvier 1998	au	15 février 1999
Lièvre	du 16 février 1999	au	4 février 2000

Achevé d'imprimer en février 2001
sur les presses de la Nouvelle Imprimerie Laballery
58500 Clamecy

Dépôt légal : février 2001
Numéro d'impression : 101108

Imprimé en France